Doris Hinsberger

So gründen Sie ein Schreibbüro

Zur Kleinstgründung im Home-Office

tredition®

www.tredition.de

Verlag: tredition GmbH
www.tredition.de
Printed in Germany

3., aktualisierte und erweiterte Auflage, Juni 2012

ISBN: 978-3-8491-1636-1

Bibliografische Information der Deutschen Nationalbibliothek
Die Deutsche Nationalbibliothek verzeichnet diese Publikation in der Deutschen Nationalbibliografie; detaillierte bibliografische Daten sind im Internet über http://dnb.d-nb.de abrufbar.

Inhaltsverzeichnis

Vorwort

Liebe Leserin, lieber Leser,

im September 2005 gründete ich ein Schreibbüro. Da im Laufe der Zeit zunehmend Fragen bezüglich des Gründungsprozesses an mich herangetragen wurden, entschied ich mich dafür mein Existenzgründungswissen interessierten Personen zugänglich zu machen.

Im Frühjahr 2008 erschien die 1. Auflage dieses Buches, welche jedoch noch Optimierungsbedarf aufwies. Nachdem ich das Buch überarbeitet und um einige Themengebiete erweitert hatte, erschien im Juni 2012 die 2. Auflage.

Seither haben sich nicht nur gründungsrelevante Voraussetzungen verändert, sondern ich wollte einige Aspekte ausführlicher behandeln, deswegen halten Sie nun die 3. Auflage in Ihren Händen.

Zwar wurde das Buch selbstverständlich für Männer und Frauen geschrieben, aber weil die meisten Gründungen in diesem Bereich durch Frauen erfolgen, benutze ich vorwiegend die weibliche Form, sofern es sich sonst zu sperrig lesen lassen würde.

Trotz aller aufgewandten Sorgfalt wird darauf hingewiesen, dass sämtliche Angaben ohne Gewähr erfolgen und eine Haftung der Autorin oder des Verlages ausgeschlossen ist. Insbesondere kann das Buch keine Rechts- oder Steuerberatung ersetzen.

Vor konkreten Gründungsschritten sollten entsprechende Beratungsstellen aufgesucht und/oder Seminare besucht werden, weil sich die Rahmenbedingungen häufig ändern bzw. teilweise unterschiedlich gehandhabt werden.

Ich wünsche Ihnen viel Freude und Erfolg bei der Gründung Ihres eigenen Schreibbüros!

Doris Hinsberger

Voraussetzungen für die Gründung eines Schreibbüros im Home-Office

Die Persönlichkeit

In vielen Existenzgründungsratgebern befinden sich Checklisten mit denen man prüfen kann, ob man eine „Gründerpersönlichkeit“ oder ein „Unternehmertyp“ ist. Da es jedoch unglaublich viele Möglichkeiten gibt, wie man auf selbstständiger bzw. freiberuflicher Basis Geld verdienen kann, halte ich solche Checklisten nur für bedingt aussagekräftig.

Mit Sicherheit erfordert die Erledigung von Schreibarbeiten im Heimbüro komplett andere Eigenschaften, als das Betreiben einer kleinen Kneipe oder das Führen eines eigenen Handwerksbetriebes mit etlichen Angestellten.

Wer trotzdem gerne eine Checkliste durcharbeiten möchte, findet zum Beispiel im Existenzgründungsportal des Bundesministeriums für Wirtschaft und Technologie (siehe Link-Tipps im Anhang) eine Checkliste mit der Bezeichnung: „Check: Dreh- und Angelpunkt: die Gründerperson“.

Die Schlüsselqualifikationen

Unabdingbar für das Betreiben eines Schreibbüros im Home-Office sind nach meiner Erfahrung folgende Kompetenzen:

- absolut selbstständig arbeiten zu können,
- gut Entscheidungen treffen zu können und die Verantwortung für seine Entscheidungen zu tragen,
- die Arbeit gut strukturieren zu können,
- sich permanent neues Wissen anzueignen,
- sich selbst gut motivieren zu können,
- Zuverlässigkeit und Termintreue,
- Selbstdisziplin, Selbstdisziplin, Selbstdisziplin!

Falls man das Schreibbüro hauptberuflich betreibt und nicht über weitere Einnahmenquellen verfügt, sollte man über ein hohes Maß an Belastbarkeit und Durchhaltevermögen verfügen. Zu Beginn wird eher die Sorge sein, genügend Aufträge zu erhalten, später sind dann auch Phasen mit extrem hohem Arbeitsanfall zu bewältigen. Die schwankende Auftragslage führt natürlich zu schwankendem Einkommen, wobei man seine monatlichen Fixkosten (Miete, Krankenkasse etc.) jedoch verlässlich bezahlen muss.

Außerdem sollte man gut mit der isolierten Arbeitssituation zurechtkommen, im günstigsten Fall diese sogar bevorzugen. Meiner Einschätzung nach ist diese Tätigkeit eher für introvertierte Persönlichkeiten, die sich selbst gut motivieren können, als für extrovertierte Menschen, die viel zwischenmenschlichen Austausch benötigen, geeignet.

Dies hängt jedoch auch wieder davon ab, wie man seine Tätigkeit gestaltet, ob man nur zuhause oder auch bei Kunden vor Ort arbeitet, ob man sich im Wesentlichen auf eine Tätigkeit konzentriert oder ein sehr breites Spektrum an Dienstleistungen anbietet, ob man das Schreibbüro nur im Nebenerwerb betreibt und ansonsten noch einen Job mit viel zwischenmenschlichen Kontakten ausübt etc.

Die Fachkenntnisse

Da Sie eine Existenzgründung in diesem Bereich in Erwägung ziehen, verfügen Sie mit Sicherheit über Erfahrungen in der Erledigung von Schreibarbeiten und bringen die grundlegenden Fertigkeiten (perfekte Rechtschreibung und Zeichensetzung, routinierter Umgang mit dem Computer, sehr gute Textverarbeitungs- und Internetkenntnisse, schnelles Tippen etc.) mit.

- **Tipp: Testen Sie Ihre Schreibgeschwindigkeit.**

  Sie kennen Ihre Anschlagszahl überhaupt nicht? Dann finden Sie hier einen interessanten Link: speedtest.schnell-schreiben.de.

Viele Schreibbüros spezialisieren sich auf den medizinischen oder juristischen Bereich bzw. die Transkription von Interviews. Manche bieten auf der Grundlage ihres individuellen Qualifikationsprofils Zusatzleistungen an, wie zum Beispiel Büroservice, Korrekturlesen, Lektorat, Internetrecherche, laufende Buchungsarbeiten, Webseitengestaltung etc. Insofern variieren die notwendigen Kenntnisse und Fertigkeiten selbstverständlich stark, je nach Ihrer Zielgruppe und den Dienstleistungen, die Sie erbringen möchten.

Eine kleine Auswahl an Tätigkeiten, die in meinem Schreibdienst anfallen, soll Ihnen eine ungefähre Vorstellung davon geben, was Sie an Wissen benötigen, um als Einzelperson ein Schreibbüro zu betreiben. Diese kleine Liste erhebt natürlich keinen Anspruch auf Vollständigkeit und kann bei Ihnen wieder ganz anders aussehen.

- Ausführen der Schreibarbeiten,
- Marketing und Akquise,
- Beantworten telefonischer und schriftlicher Kundenanfragen,
- sonstige elektronische bzw. normale Post lesen und bearbeiten,
- Preiskalkulation,
- Schreiben von Angeboten und Auftragsbestätigungen,
- Ausschreibungsunterlagen ausfüllen,
- Terminkoordination und Arbeitseinteilung,
- Herunterladen von Kundendateien und Software,
- Konvertieren von Dateien,
- Installieren von Software und Einarbeitung in diese,
- Versand der Dokumente per E-Mail, Upload oder auf Datenträgern per Post,
- Anlegen von Sicherheitskopien und Datensicherung,
- Ausstellen und Versand der Rechnungen,
- Überprüfen der Zahlungseingänge,
- Schreiben der Mahnungen,
- Bezahlen der erhaltenen Rechnungen,
- Ablage und Archivieren,
- Verbuchen der Belege,
- eigene Buchhaltung und Steuererklärung machen,
- Recherche im Internet,

- Lesen von Fachliteratur und sonstige Formen der Weiterbildung in für mich relevanten Themen,
- Web-Design und Pflege der Homepage,
- Suchmaschinenoptimierung und Eintragung der Homepage,
- Geräte installieren und am Laufen halten,
- defekte Geräte ersetzen,
- Schutz des Computers vor Viren und schädlicher Software,
- PC-Wartung,
- Einkäufe und Materialbeschaffung,
- Sonstiges wie Aufräumen, Putzen, Renovieren etc. pp.

Speziell im Ein-Personen-Unternehmen muss eine breitgefächerte Kompetenz vorhanden sein, die zahlreiche Spezialkenntnisse in den einzelnen Gebieten erfordern kann. Da die meisten Selbstständigen aus finanziellen Gründen gerade in der Anfangsphase versuchen möglichst viele Aufgaben selbst zu übernehmen, habe ich bei den Schlüsselqualifikationen die Fähigkeit sich in neue Wissensgebiete einzuarbeiten aufgeführt.

Zum Zeitpunkt der Gründung müssen Sie noch nicht alle erforderlichen Fähigkeiten perfekt beherrschen. Es wäre jedoch gut, wenn Sie sich über bestehende Wissensdefizite im Klaren sind und sich Gedanken darüber gemacht haben, wie Sie Abhilfe schaffen können. Dies können Sie entweder durch gezielte Weiterbildung oder durch Inanspruchnahme professioneller Hilfe und Beratung erreichen. Im Laufe der Zeit werden Sie auf diese Weise Schritt für Schritt mit jeder neuen Fragestellung, die auftaucht, Ihre Kompetenzen erweitern und ausbauen.

Die finanzielle Situation

In der Regel wird sowohl in Büchern als auch in Seminaren davor gewarnt als „Notlösung“ und ohne ein ausreichendes finanzielles Polster eine selbstständige Existenz zu gründen. Diese Idealbedingungen sind jedoch bei sehr vielen Personen nicht erfüllt. So erfolgte auch meine Gründung aus der Arbeitslosigkeit heraus, ohne dass ich über irgendwelche Rücklagen verfügte.

Das war insbesondere in der Anfangszeit sehr schwer, trotzdem war der Schritt in die Selbstständigkeit für mich eine wesentlich bessere Alternative, als in der Arbeitslosigkeit zu verharren. Abgesehen davon, dass man sich im Gründungsprozess und während der Selbstständigkeit zahlreiche neue Kenntnisse und Verhaltensweisen aneignet, was meiner Auffassung nach an sich schon sehr wertvoll ist, kann sich die selbstständige Existenz durchaus in eine Richtung entwickeln, an die man vorher gar nicht dachte.

Man hat die Möglichkeit sich ganz neue Gebiete zu erschließen, die man ohne großen Aufwand ausprobieren kann, weil die Rahmenbedingungen dafür durch die selbstständige Tätigkeit im Heimbüro schon vorhanden sind. Noch vor einigen Jahren wäre ich zum Beispiel nie auf die Idee gekommen, dass ich jemals ein Sachbuch verfassen und veröffentlichen würde.

Das Schreiben von Ratgebern ist allerdings nur eine von zahllosen Möglichkeiten weitere Einnahmen zu erzielen. Das Zitat von Franz Kafka „Wege entstehen dadurch, dass man sie geht“, beschreibt aus meiner Sicht äußerst zutreffend die Situation von Gründerinnen und Gründern.

Lassen Sie sich also nicht dadurch entmutigen, dass Sie kein Geld haben. Zum einen benötigt man für diese Tätigkeit im Home-Office kein großes Startkapital, zum anderen ist es sowieso nicht die schlechteste Herangehensweise, wenn Sie erst mal im Nebenerwerb starten, was auch während der Arbeitslosigkeit möglich ist. Die Gründung im Nebenerwerb, speziell auch während der Arbeitslosigkeit, wird an späterer Stelle des Buches noch ausführlich abgehandelt, so dass ich hier nicht weiter darauf eingehen werde.

Im Literaturverzeichnis werden Sie zudem noch auf ein Buch mit dem Titel „Kopf schlägt Kapital“ von Prof. Dr. Günter Faltin hingewiesen. Der Autor räumt mit vielen Vorurteilen bezüglich der Existenzgründung auf, zeigt Wege auf, wie man mit wenig Kapital ein Unternehmen gründen kann und vor allem macht er Lust ein Unternehmen zu gründen. Ob Sie nach der Lektüre des Buches dann noch ein Schreibbüro gründen wollen oder plötzlich ganz andere Ideen verwirklichen möchten, wer weiß: Hauptsache Sie lassen sich inspirieren.

Gerade wenn Sie ohne Rücklagen gründen, werden Sie in der Anfangszeit jeden zusätzlichen Euro gut gebrauchen können. Auch Selbstständige können natürlich Nebenjobs ausüben. Besonders klug ist es natürlich, wenn Sie Ihre Zusatztätigkeit entweder so auswählen, dass sie einen guten Ausgleich zu der Schreibtischtätigkeit darstellt oder aber so, dass Sie dadurch die Aufmerksamkeit von potenziellen Kunden auf sich ziehen können.

- **Tipp: 400-Euro-Job.**

  Nach meiner Recherche wird ein Minijob bei hauptberuflich Selbstständigen steuerlich so behandelt wie ein Minijob von hauptberuflich Angestellten. Auf diese Weise können Sie bis zu 4.800 Euro zusätzliche Einnahmen pro Jahr erzielen, die Sie nicht selbst versteuern müssen, sondern Ihr Arbeitgeber/Ihre Arbeitgeberin.

  Wie in vielen Bereichen wird jedoch auch hier über Veränderungen nachgedacht. Aktuell wird darüber diskutiert, ob die Zuverdienstgrenze auf 450 Euro angehoben und eine Rentenversicherungspflicht eingeführt wird. Ausführlich informieren können Sie sich auf der Homepage der Minijobzentrale (siehe Link-Tipps im Anhang).

Die räumlichen Gegebenheiten

Wer zuhause arbeiten möchte, braucht Platz dafür. Optimal ist es natürlich, wenn man sich im eigenen Haus ein Büro einrichten kann und einfach den geeignetsten Raum entsprechend seinen Bedürfnissen gestaltet. In dieser privilegierten Situation befinden sich wahrscheinlich nur wenige Leserinnen und Leser, die meisten werden wahrscheinlich zur Miete wohnen.

Ob Sie in einer Mietwohnung ein eigenes Arbeitszimmer benötigen oder ob es eventuell ausreicht, dass Sie sich einen Teil eines Zimmers als Arbeitsecke einrichten, hängt von mehreren Faktoren ab. Personen, die nicht alleine leben, müssen sich auf jeden Fall ein separates Arbeitszimmer einrichten, weil sie sonst weder ungestört arbeiten können noch sicherstellen können, dass Angehörige oder Besucher keinen Zugriff auf die Kundenunterlagen haben.

Für die Kunden ist es selbstverständlich unabdingbar, dass Sie die Einhaltung der Schweigepflicht und absolute Vertraulichkeit garantieren können. Niemand wird Ihnen Material mit sensiblen Daten zur Bearbeitung überlassen, wenn Sie dies nicht gewährleisten können.

Außerdem ist es nicht nur sehr belastend in der Freizeit ständig den Schreibtisch mit den nicht abgearbeiteten Aufträgen vor Augen zu haben, sondern die Arbeit geht auch wesentlich leichter von der Hand, wenn man über ausreichend Platz für die notwendigen Geräte bzw. hinreichende Ablagemöglichkeiten für alle Unterlagen verfügt.

Sofern Sie das Schreibbüro im Nebenerwerb betreiben und nur gelegentlich kleinere Aufträge übernehmen, ist es vielleicht noch eher möglich dies in einer Arbeitsecke zu tun, als wenn Sie den ganzen Tag (oder meinetwegen auch die ganze Nacht) am Schreibtisch sitzen und arbeiten.

Falls Sie die Möglichkeit haben, würde ich Ihnen dringend raten, sich ein richtiges Büro zuhause einzurichten, in dem Sie bequem arbeiten und dann nach Feierabend die Tür schließen können. Es gibt jedoch noch einen weiteren Grund, warum ein separates Arbeitszimmer von Vorteil ist.

- **Tipp: Arbeitszimmer steuerlich absetzbar.**

  Bildet das Heimbüro den Mittelpunkt der gesamten betrieblichen Tätigkeit und wird es ausschließlich für berufliche Zwecke genutzt, werden Kosten für Miete, Heizung, Strom, Versicherung, Reinigung, Renovierung sowie Mietnebenkosten anteilig vom Finanzamt anerkannt. Gemäß dem prozentualen Anteil des Büros an der Gesamtwohnfläche muss anteilig der entsprechende Betrag errechnet werden. Kosten für die Büroausstattung (Schreibtisch, Bürostuhl, Bürogeräte etc.) können allerdings auch dann geltend gemacht werden, wenn kein separates Arbeitszimmer vorhanden ist.

Besonderheiten der Arbeit im Home-Office

Bis zur industriellen Revolution wurden berufliches und privates Leben im Allgemeinen nicht voneinander getrennt. So führt Massow (Home-Jobbing, 1999, S. 15) aus: „Denn ursprünglich haben Menschen immer von zu Hause aus gearbeitet. Ob als Jäger der Steinzeit, später als Ackerbauer oder mittelalterlicher Handwerker – Lebens- und Arbeitsort waren traditionell stets eng miteinander verknüpft, waren eins, wobei der private Bereich Ausgangsbasis von allem war. Das war über Jahrtausende hinweg so. In privilegierten Schichten ist auch noch bis in die Gegenwart hinein so etwas möglich, was in Zukunft wieder für viele ein Lebenskonzept sein könnte. So gesehen ist die derzeit modernste Arbeitsform zugleich auch die älteste und die, die dem menschlichen Wesen am ehesten entsprechen dürfte."

Mit seiner Aussage bezieht er sich nicht nur auf die Vergangenheit, sondern er prognostiziert, dass das Arbeiten von zu Hause aus wieder an Bedeutung gewinnen wird, womit er zweifelsohne Recht hatte. Die Entwicklung des Internets und dessen rasante Verbreitung mit immer höheren Bandbreiten führten dazu, dass viele Tätigkeiten ortsunabhängig ausgeübt werden können. In diesem Zusammenhang entstanden sehr viele Möglichkeiten von zu Hause aus zu arbeiten, und zwar sowohl auf angestellter als auch auf selbstständiger Basis.

Gewerbliche Nutzung von Wohnraum

Bei der Ausübung einer gewerblichen Tätigkeit im Heimbüro gilt es allerdings einiges zu beachten. Wohnen Sie zur Miete, müssen Sie vor der Gewerbeanmeldung klären, ob Sie einen Teil der Wohnung gewerblich nutzen dürfen. Ab dem Zeitpunkt, an dem Sie Ihre Homepage online stellen, Anzeigen schalten oder Flyer verteilen, ist es nur eine Frage der Zeit bis der Vermieter/die Vermieterin bemerkt, dass Sie eine selbstständige Tätigkeit von der Wohnung aus betreiben. Durch ein frühzeitiges, klärendes Gespräch können Sie unnötigen Ärger vermeiden. Dieses Gespräch sollte selbstverständlich stattfinden, bevor Sie irgendwelche wichtigen Formalitäten erledigen.

Die Publikationen zur gewerblichen Nutzung von Wohnraum sind gespickt mit Urteilen und Gesetzestexten. Der Einfachheit halber wird hier die Quintessenz davon für das Betreiben eines Schreibbüros im Home-Office wiedergegeben. Diese lautet, dass der Vermieter/die Vermieterin die Ausübung von Schreibarbeiten in der Wohnung nicht verbieten darf, sofern man dafür nur eine Ecke oder ein Zimmer der Wohnung nutzt, keine Angestellten hat und die gewerbliche Nutzung nicht die Wohnnutzung überwiegt.

Der Vermieter/die Vermieterin wird also üblicherweise zustimmen, sofern die Beschaffenheit der Wohnung nicht verändert wird und die anderen Mieter nicht durch Lärm, Kundenbesuche oder anderweitig belästigt werden. Diese Zustimmung bedeutet jedoch nicht, dass Sie ein Firmenschild an der Klingel oder dem Briefkasten anbringen dürfen, hierfür benötigen Sie eine gesonderte Erlaubnis.

Zudem können weitere Genehmigungen notwendig sein. Leben Sie in einem reinen Wohngebiet, ist unter Umständen eine Erlaubnis des Bauamtes nötig, um dort ein Gewerbe auszuüben.

Zwar darf man gemäß einem Urteil des Landgerichtes Hamburg (WuM 93, S. 188) ein bis zwei Kunden täglich in der Wohnung empfangen, vielleicht ziehen Sie es jedoch vor Kundenverkehr ganz zu vermeiden, weil Ihre Räumlichkeiten dafür nicht geeignet sind oder Sie Ihre Nachbarn möglichst wenig stören möchten.

- **Tipp: So vermeiden Sie Kundenverkehr.**

  In Abhängigkeit von Ihrer Schwerpunktsetzung werden Sie voraussichtlich bundesweit arbeiten und somit meistens die Einzelheiten per Telefon, E-Mail oder Post mit den Kunden vereinbaren. Falls trotzdem persönliche Termine anstehen, um Auftragsdetails zu besprechen oder eine Übergabe von eiligen Dokumenten bzw. Daten abzuwickeln, können Sie einfach selbst Ihre Kunden aufsuchen. Für die Kunden ist das bequem und wird deswegen üblicherweise als Service empfunden.

Die Einrichtung des Heimbüros

Je mehr Zeit Sie in Ihrem Heimbüro verbringen, desto wichtiger ist es für optimale Bedingungen zu sorgen. Der Schreibtisch sollte höhenverstellbar sein und über genügend Stell- und Ablagefläche für Ihre Geräte und Unterlagen verfügen, so dass Sie bequem arbeiten können. Natürlich sind viele Schubladen bzw. entsprechende Rollcontainer hilfreich. Ein Teil des Büroschrankes sollte die Möglichkeit bieten ein Hängeregister anzulegen, welches eine von mir bevorzuge Variante der Ablage für meine Kundenkartei ist. Der Teil des Schrankes mit der Kundenkartei sollte abschließbar sein.

Falls Sie mit gelegentlichen Kundenbesuchen rechnen, sollte Ihr Büro einigermaßen repräsentativ wirken und mit einer Sitzecke für Besprechungen ausgestattet sein. Selbstverständlich müssen die Büromöbel nicht neu gekauft werden, gebrauchte Möbel erfüllen ihren Zweck durchaus. Sparen sollten Sie jedoch auf keinen Fall beim Kauf des Bürostuhls. Da Sie mit Sicherheit über Erfahrung in der Erledigung von Schreibarbeiten verfügen, wissen Sie wie wichtig ein guter Stuhl ist, um Rückenproblemen vorzubeugen.

Richten Sie sich Ihr Büro funktional ein, aber auch so, dass Sie sich darin wohl fühlen. Sorgen Sie für gute Beleuchtung, streichen Sie den Raum in Ihrer Lieblingsfarbe, hängen Sie sich ein schönes Bild auf, stellen Sie sich Pflanzen und frische Blumen hinein. Unterschätzen Sie den Wohlfühlfaktor nicht, wenn Sie sich gerne in Ihrem Büro aufhalten, wird Ihnen die Arbeit viel leichter von der Hand gehen.

- **Tipp: Selbstständig mit Handicap.**

  Im Heimbüro können Sie nicht nur Ihren Arbeitsplatz, sondern auch Ihre Arbeitsabläufe optimal an Ihre speziellen Bedürfnisse anpassen. Unter bestimmten Umständen können Sie Förderungen für die bedarfsgerechte Einrichtung Ihres Arbeitsplatzes und andere Hilfen erhalten. Im Anhang sind weiterführende Links aufgelistet, wo Existenzgründungsberatung für Menschen mit Behinderung angeboten wird.

Vorteile der Arbeit im Home-Office

- Der Hauptgrund, warum viele Personen gerade in der Startphase der Selbstständigkeit im Heimbüro arbeiten, ist die Kostenersparnis. Die Kosten für das Anmieten und die Einrichtung von Geschäftsräumen entfallen ebenso wie Fahrtkosten.

- Zudem haben Sie keinen Arbeitsweg, wodurch Sie wirklich viel Zeit sparen, die Sie für die Arbeit oder für andere Aktivitäten nutzen können. Die Wegezeiten können Sie zum Beispiel Ihrem Lauftraining, den Haushaltstätigkeiten oder der Familie widmen.

- Sie müssen keinen „Dresscode“ einhalten und sparen auch diesbezüglich Zeit und Geld.

- Selbstverständlich erleichtert ein Heimbüro die Vereinbarkeit von Beruf und Familie. Die Versorgung von Kindern oder pflegebedürftigen Angehörigen lässt sich viel einfacher bewerkstelligen.

- Menschen mit Handicap, die ihre Wohnung an ihre speziellen Bedürfnisse angepasst haben, verfügen auf diese Weise gleichzeitig über optimal zugeschnittene Räumlichkeiten für die Arbeit.

- Sie haben jederzeit Zugriff auf Ihre geschäftlichen Unterlagen und können entsprechend flexibel arbeiten, sofern Sie dies möchten eben auch spät abends bzw. früh morgens, nachts oder am Wochenende.

- Falls Sie möchten, können Sie zu ungewöhnlichen Zeiten Anrufe entgegennehmen oder auf Anfragen per E-Mail reagieren und auf diese Weise Aufträge erhalten, die Ihnen sonst vielleicht entgangen wären.

- Dadurch, dass es keine starren, von außen vorgegebenen Strukturen gibt, können Sie sich Ihre Arbeitszeit frei einteilen und den größten Teil der Arbeit in Ihren leistungsfähigsten Phasen erledigen, sofern Ihre familiären und anderweitigen Verpflichtungen dies erlauben.

- Sie können sich Ihr Büro so einrichten, dass Sie sich wirklich darin wohl fühlen und es Ihren Bedürfnissen optimal entspricht.

Nachteile der Arbeit im Home-Office

- Von Nachteil kann sein, dass Sie eventuell häufig von Familienmitgliedern und/oder Besuchern abgelenkt werden oder selbst nicht die nötige Disziplin aufbringen, um konsequent an Ihren Aufträgen zu arbeiten.

- Zwar müssen Sie sich nicht mit unliebsamen Kollegen/Kolleginnen auseinander setzen, aber Sie haben auch niemanden, mit dem Sie sich fachlich austauschen oder einen kleinen Plausch halten können. Die Isolation, die häufig mit der Arbeit im Heimbüro verbunden ist, kann für viele Menschen belastend sein.

- Da Sie jederzeit Zugriff auf die Unterlagen, den Computer und das Telefon haben, besteht die Gefahr, dass Sie viel zu viel arbeiten und sich schwer damit tun wirklich Feierabend zu machen.

- Wenn Sie ein Problem mit dem Computer oder einem anderen Gerät haben, gibt es keine entsprechende Abteilung im Haus, vielmehr müssen Sie sich selbst darum kümmern und/oder sich anderweitig Hilfe organisieren.

- Eventuelle Kundenbesuche können mit Schwierigkeiten verbunden sein (ungeeignete Räumlichkeiten, nicht repräsentative oder zu abgelegene Wohngegend, Belästigung der Nachbarn etc.).

Ein angemietetes Büro, das aufgrund der Lage Passanten auffällt, kann Laufkundschaft anziehen und auf diese Weise den Bekanntheitsgrad des Schreibbüros an Ihrem Standort erhöhen. Außerdem wirkt es nicht nur auf die Kunden professioneller, wenn externe Räumlichkeiten angemietet werden, sondern auch Familie, Freunde und Bekannte respektieren dies mehr als Arbeitsort und neigen weniger dazu einen dort tagsüber zu stören.

Bedingungen für effizientes Arbeiten im Home-Office

Das separate Geschäftstelefon

Einen zusätzlichen Telefonanschluss für die geschäftlichen Telefonate halte ich für unabdingbar. Auf diese Weise können Sie eingehende Anrufe sofort als privat oder geschäftlich einordnen und sich dementsprechend melden. Außerdem ermöglicht diese Trennung es Ihnen während der Arbeitszeit nur geschäftliche Anrufe entgegenzunehmen. Es wird sich weder auf die Qualität noch auf die Quantität Ihrer Arbeit positiv auswirken, wenn Sie sich ständig durch private Telefonate stören lassen. Umgekehrt müssen Sie dann nach Feierabend keine geschäftlichen Telefonate mehr führen, sondern können an diesem Anschluss den Anrufbeantworter einschalten, während Sie ganz entspannt Ihre privaten Telefonate führen können.

Familienmitglieder können auch dann ungestört telefonieren, wenn Sie selbst einen wichtigen Anruf erwarten oder tätigen müssen. Außerdem sind Ihr Partner/Ihre Partnerin oder Ihre Kinder dann nicht mit geschäftlichen Anrufen konfrontiert, die unter Umständen nicht korrekt notiert oder vergessen werden. Es ist zwar ganz niedlich, wenn sich ein kleines Kind am Telefon meldet, aber einen besonders professionellen Eindruck macht das nicht. Am Geschäftstelefon sollte deswegen lieber der Anrufbeantworter eingeschaltet werden, wenn Sie die Anrufe nicht selbst entgegennehmen können.

Exkurs: Telefonische Erreichbarkeit

Hierzu möchte ich erwähnen, dass meiner Erfahrung nach viele Personen, die zum ersten Mal anrufen, eher bei einem anderen Schreibbüro anrufen werden, als auf den Anrufbeantworter zu sprechen. Das Umleiten des Telefons auf Ihr Handy ist zwar möglich, aber nicht wirklich optimal, weil Sie sich unterwegs meistens nicht voll auf das Gespräch konzentrieren können. Sofern eine umfassende Beratung oder eine erste Preiseinschätzung benötigt wird, lässt sich dies nicht gut von unterwegs abwickeln. Zudem werden Sie vermutlich selbst bei Ihren ersten Anfragen noch etwas unsicher darin sein gezielt alles abzufragen, was Sie wissen müssen, um ein Angebot zu erstellen.

Sofern das Schreibbüro zu Ihrer Haupteinnahmequelle werden soll, ist es von daher ratsam besonders in Phasen, in denen Sie erst wenige Aufträge haben, gut telefonisch erreichbar zu sein. Die Zeit, die Sie sonst mit Schreibarbeiten verbringen würden, können Sie nutzen, um nach Aufträgen zu recherchieren, Ihre Homepage in Branchenverzeichnisse und Webkataloge einzutragen, kostenlose Kleinanzeigen zu schalten, Belege zu verbuchen, den PC zu warten, in den sozialen Netzwerken aktiv zu sein, sich in Software einzuarbeiten, ein neues Gerät zu installieren, eine Wissenslücke zu schließen oder was auch immer gerade ansteht. Selbstverständlich sollten Sie in der Zeit Ihre E-Mails regelmäßig abrufen, um schnell auf Anfragen reagieren zu können.

Strukturierung des Arbeitstages

Gewöhnen Sie sich feste Arbeitszeiten an und sorgen Sie dafür, dass Sie während dieser Zeit nur in wirklich dringenden Fällen durch Ihre Angehörigen oder Freunde gestört werden. Selbstverständlich müssen Sie umgekehrt auch darauf achten, dass Sie sich nicht selbst mit privaten Telefonaten, Haushaltstätigkeiten etc. ablenken.

Identifizieren Sie Ihre persönlichen Zeitfresser und entziehen Sie Ihnen die Nahrung. In den Link-Tipps finden Sie einen Hinweis auf einen überaus nützlichen „Zeitfressermesser" auf der Website KarriereSPIEGEL, mit dem Sie unkompliziert feststellen können, womit Sie am meisten Zeit verplempern.

Für mich selbst ist es am effektivsten, wenn ich mir die Pausen nach Arbeitseinheiten einrichte. Nach der Fertigstellung von bestimmten Anteilen des an diesem Tag zu erledigenden Pensums mache ich kleine Pausen und ungefähr nach jedem Drittel eine etwas längere Pause. Persönlich erlebe ich es zudem als effizienter einen Auftrag noch am gleichen Tag abzuschließen, sofern ich absehen kann, dass ich nur noch eine halbe Stunde oder eine Stunde dafür benötigen werde. Am nächsten Tag wieder neu damit anzufangen kostet mich mehr Kraft, als die Arbeit an diesem Tag zu vollenden.

Wenn Sie einmal ein absolutes Leistungstief haben, quälen Sie sich besser nicht, sofern Sie den Auftrag jetzt nicht binnen der nächsten Stunden fertig haben müssen, sondern gönnen Sie sich eine Pause und arbeiten Sie später weiter. Je nachdem wie viel Zeit Sie zur Verfügung haben, können Sie einen kleinen Spaziergang machen oder sich einfach kurz auf die Couch legen. Bleiben Sie jedoch auf keinen Fall am Computer sitzen, wo Sie die Zeit eventuell mit Surfen, dem Schreiben privater E-Mails, Computerspielen etc. verbringen.

Manchmal muss man sich trotz der schlechten Tagesform „durchquälen“, weil die Sachen fertig werden müssen. Zudem kann es bei entsprechender Auftragslage leicht passieren, dass man Raubbau an sich betreibt und seine freie Zeiteinteilung dann so interpretiert, dass man quasi rund um die Uhr arbeitet. Über kürzere Phasen mag das in Ordnung sein, aber auf Dauer schaden Sie damit Ihrer Gesundheit. Gerade als Ein-Frau-Unternehmen oder Ein-Mann-Unternehmen ist dies jedoch ein sehr kostbares Gut für Sie.

➢ **Tipp: Treiben Sie Sport.**

Gehen Sie behutsam mit Ihren Kräften und Ihrer Gesundheit um und sorgen Sie für ausreichende Entspannungsphasen. Unternehmen Sie in Ihrer Freizeit etwas, was Ihnen Freude macht und wobei Sie neue Kraft schöpfen.

Ein wunderbarer Ausgleich für die sitzende Schreibtischtätigkeit ist natürlich Sport. Wer schon gleich morgens den Tag mit einem schönen Lauf durch die Natur beginnt, geht gestärkt an die Arbeit und beugt auch gesundheitlichen Problemen vor, die durch die Schreibtischtätigkeit entstehen können.

Einteilung der Arbeit

Eines meiner banalsten und zugleich wichtigsten Hilfsmittel ist ein Wochen-Querkalender, der je Woche oben und unten eine Seite hat. Darin notiere ich mir stets tage-, wochen- und monatsweise, was ich wann erledigen möchte bzw. muss. Im unteren Teil trage ich dabei die Aufträge bzw. Teile von Aufträgen ein, die ich an diesem Tag bewältigen muss, um mein Arbeitspensum fristgerecht zu schaffen, im oberen Teil notiere ich sämtliche anderen Dinge, wie zum Beispiel wichtige Telefonate bzw. E-Mails, Termine mit Kunden, Fristabläufe von Angeboten, einen anstehenden Kauf, Buchhaltung oder Werbe- und Marketingaktivitäten.

Hilfreich kann es sein, wenn Sie parallel zum Abarbeiten der aktuellen Schreibaufträge und sonst zu erledigenden Dinge, bestimmte Tage für spezielle Aufgaben nutzen. So können Sie zum Beispiel montags immer die neuesten Belege verbuchen, dienstags die Homepage aktualisieren und neu hochspielen, mittwochs Marketing und Akquise betreiben, sich donnerstags um Updates und Sicherheitskopien kümmern und freitags nicht mehr benötigte Dateien löschen und Zettel wegwerfen, die Sie nicht mehr brauchen.

Die Eintragungen im Kalender arbeite ich an dem dafür vorgesehenen Tag ab. Kann ich etwas nicht erledigen, weil jemand nicht zu erreichen ist oder mir kurzfristig etwas dazwischen kommt, trage ich es beim nächsten dafür geeigneten Tag ein. Darüber hinaus notiere ich im Kalender sämtliche Liefertermine für Aufträge und weitere Fristen und Termine, wie zum Beispiel Abgabetermine bei der Teilnahme an Ausschreibungen, den Termin für die Steuererklärung, Bearbeitungstermine für erhaltene Schreiben von Ämtern, Kündigungstermine bei Anbietern, die ich wechseln möchte, also alles, woran ich im geschäftlichen Kontext sonst noch denken muss.

Den gleichen Zweck erfüllen auch ToDo-Listen, die am Computer erstellt werden können, aber ich bevorzuge die altmodische Papiervariante. So habe ich auf einen Griff und Blick immer den Überblick, was alles ansteht, ohne dass ich den Computer hochfahren muss. Wer sich ausführlicher mit ToDo-Listen befassen möchte, findet in den Link-Tipps einen Hinweis auf eine Webseite mit umfangreichen Informationen zu dem Thema und Formularen, die heruntergeladen werden können.

Das Arbeitspensum

Von den Lieferterminen, die Sie in den Angeboten nennen, hängt oft ab, ob Sie einen Auftrag erhalten oder nicht. Die Kunden benötigen die Sachen häufig so schnell wie möglich. Es ist eher die Ausnahme, dass jemand lange darauf warten kann oder möchte. Je nach Auftragsumfang und bereits zu bearbeitenden Aufträgen können Sie anhand Ihres Kalenders, in dem Sie Ihre aktuellen Aufträge bereits eingetragen haben, gut einschätzen, welchen Liefertermin Sie anbieten können.

Zwar sollten Sie möglichst zeitnahe Liefertermine angeben, diese sollten jedoch nicht so knapp bemessen sein, dass Sie total in Zeitdruck geraten. Lassen Sie sich, wenn möglich, etwas Luft für Unvorhergesehenes, wie zum Beispiel Krankheit, andere Aufträge von Stammkunden, den Ausfall von Geräten oder Internetverbindung etc. Natürlich sind die Kunden dann erfreut darüber, wenn sie die Dokumente etwas früher erhalten, verspätete Lieferung kann jedoch großen Stress bedeuten und richtigen Ärger nach sich ziehen, da die Kunden oft selbst Termine einhalten müssen.

Um nicht zu sehr unter Druck zu geraten, sollten Sie sich nicht übernehmen, was das Arbeitspensum angeht. Lehnen Sie Aufträge besser ab, wenn Sie ausgelastet sind. Mir persönlich fiel dies zu Beginn sehr schwer, mittlerweile habe ich es allerdings längst gelernt. Gerade von Stammkunden nehme ich allerding trotzdem noch oft Aufträge an, obwohl ich eigentlich dicht bin. Dann muss ich zwar über einen befristeten Zeitraum sehr hart arbeiten, um alles zu schaffen, riskiere aber nicht gute Kunden zu verlieren, die sich anderweitig versorgen müssen. Anfragen von Neukunden lehne ich in solchen Phasen jedoch gleich ab. Dies halte ich für sinnvoller als permanent total überlastet zu sein und aus diesem Grund womöglich nicht die gewohnte Qualität zu liefern oder gesundheitliche Schäden zu riskieren.

Was man selbstverständlich auf keinen Fall tun sollte, ist Liefertermine zuzusichern, von denen man schon vorher weiß, dass man sie nicht einhalten kann, nur um einen Auftrag zu erhalten. Damit sind sehr viel Ärger und der Verlust von Kunden schon vorprogrammiert.

Falls Sie trotz sorgfältiger Planung einmal in die Situation geraten, dass das Einhalten eines Termins kritisch wird, klären Sie rechtzeitig bei den Kunden ab, ob Sie doch noch etwas mehr Zeit dafür zur Verfügung gestellt bekommen oder organisieren Sie sich Unterstützung. Zum Beispiel können Sie mit anderen Schreibbüros kooperieren, die den gleichen Schwerpunkt haben, so dass Sie sich gegenseitig bei Arbeitsspitzen entlasten können. Kooperationspartnerinnen finden Sie unter anderem beim Business-Netzwerk Xing. Auf Xing und andere Netzwerke gehe ich an späterer Stelle des Buches noch ein.

Die Kleidung

Zwar können Sie sich in Ihrem Heimbüro wesentlich bequemer kleiden als fürs eine Tätigkeit außer Haus, aber trotzdem ist es meiner Auffassung nach allein schon aus psychologischen Gründen gut sich für die Arbeit immer korrekt anzuziehen. Außerdem kann es vorkommen, dass potenzielle Kunden ohne vorherigen Anruf vorbeikommen oder dass Arbeitssuchende Bewerbungen vorbeibringen etc.

Auch bei der Wahl des Outfits kommt es wieder ganz auf Ihre individuelle Situation an. Als Selbstständige treffen Sie alle Entscheidungen nun mal selbst, wobei Sie allerdings auch selbst die Konsequenzen tragen müssen. Natürlich können Sie auch nachts im rosa Bademantel mit Blümchenmuster arbeiten, wenn Sie dann am effizientesten sind.

Das Equipment

Die meisten Personen, die ernsthaft über die Gründung eines Schreibbüros nachdenken, werden bereits einen Computer mit der gängigen Software, der zudem über einen schnellen Internetanschluss verfügt, besitzen. Außerdem gehört ein Drucker mittlerweile fast zur Standardausstattung in Privathaushalten mit PC. Trotzdem möchte ich kurz darauf eingehen welche Geräte und Software man in der Regel für Schreibarbeiten benötigt.

Die Hardware

Der Computer

Natürlich ist es optimal, wenn Sie an einem leistungsfähigen Computer mit der aktuellsten Software arbeiten können. Müssen Sie jedoch quasi aus dem Nichts starten, so wie es auch bei mir der Fall war, können Sie zu Beginn ruhig einen gebrauchten Computer nutzen. Für Schreibarbeiten, sprich Textverarbeitung, muss die Hardware nicht unbedingt das Neueste vom Neuen sein, deswegen können Sie unter Umständen Ihren bisherigen Computer erst mal dafür verwenden.

Ein zentrales Kriterium ist allerdings die Kompatibilität mit der technischen Ausstattung der Kundschaft. Das heißt, auf dem Computer muss man die für Ihre Arbeit notwendige Software in den Versionen installieren können, dass Sie damit die Dateien der Kunden bearbeiten können und Ihre Dokumente in den Formaten liefern können, die die Kunden wünschen bzw. benötigen.

Falls Sie sowieso einen Computer kaufen, würde ich allerdings gleich zum Kauf eines neuen Gerätes raten. Zwar kann man bei entsprechend spezialisierten Händlern gebrauchte Computer mit Garantie kaufen, aber neue Geräte sind mittlerweile wirklich günstig. Außerdem gibt es ja noch die Möglichkeit des Ratenkaufs.

Achten Sie beim Kauf darauf, dass der Computer über ausreichende Speicherkapazitäten verfügt. Das Abspeichern von Audio- und Videodateien belegt viel Speicherplatz. Eine qualitativ hochwertige Soundkarte verhindert Rauschen, welches die Verschriftlichung von Audiodateien unnötig erschweren würde. Der Computer muss mindestens ein CD-Laufwerk, ein DVD-Laufwerk und mehrere USB-Anschlüsse haben. Weitere Kriterien beim Kauf können zum Beispiel Stromverbrauch und Geräuschpegel sein.

Sofern Sie sich im Vorfeld des Kaufs online informieren möchten, können Sie dies in vielen Blogs, Foren und auf anderen Webseiten tun. In den Link-Tipps werden einige davon aufgeführt. Sofern Sie „Kaufberatung PC", „Kaufberatung Computer", „Computer für Home-Office" „Kaufberatung Office-PC" oder ähnliche Begriffe in eine Suchmaschine eingeben, erhalten Sie eine umfangreiche Auswahl an Suchergebnissen zu dem Thema.

Sollten Sie nicht über ausreichendes Hintergrundwissen bezüglich der technischen Anforderungen des von Ihnen benötigten Gerätes verfügen, lassen Sie sich beim Kauf am besten von einer kompetente Person beraten.

Der Monitor

Flachbildschirme bzw. TFT-Monitore werden von Jahr zu Jahr größer und billiger. Beim Kauf sind Kriterien wie Reaktionszeit, Helligkeit, Kontrast, Größe und Betrachtungswinkel unter dem Aspekt zu beachten, wofür man den Monitor nutzen möchte. Im Zweifelsfall würde ich Ihnen auch hier raten jemand zum Kauf mitzunehmen, der Sie dabei unterstützen kann.

Bei den Link-Tipps finden Sie nicht nur Hinweise auf Webseiten mit Tipps zum Kauf, sondern auch auf die Internetpräsenz eines Augenoptikers, der wertvolle Hinweise zur richtigen Aufstellung des Monitors gibt. Außerdem lernen Sie dort Entspannungsübungen für die Augen kennen und erfahren, was Sie sonst Ihren Augen noch Gutes tun können, wie zum Beispiel Kompressen mit Rosenwasser. Da Sie sehr viel Zeit vor dem Monitor verbringen werden, kann es nicht schaden sich mit diesen Themen intensiv zu befassen.

Tastatur und Maus

Mit viel Bewegungsspielraum lässt es sich wesentlich angenehmer arbeiten, deswegen bevorzuge ich persönlich die Arbeit mit einem kabellosen Tastatur-Maus-Set. Damit lässt es sich viel komfortabler arbeiten, weil sich weniger lästige Kabel auf dem Schreibtisch befinden, die einem bei der Arbeit im Weg wären.

Dr. rer. nat. Dipl. Psych. Yvonne Feirrera hat festgestellt: „So führt eine erfahrene Schreibkraft beispielsweise bis zu 80.000 Anschläge pro Tag aus, wobei der Daumen allein bis zu 15.000 mal auf die Leertaste schlägt." (Feirrera, 2002, Tastaturen - eine Auswahlhilfe", S. 202, www.zfa-online.de, zugegriffen am 07.05.2012) „Durch die Auswahl der richtigen Tastatur kann man „Belastungen reduzieren, Zwangshaltungen vermeiden und Erkrankungen vorbeugen." (ebenda, S. 201) Demzufolge lohnt es sich die optimale Lösung zu finden.

Zwar ist die erwähnte Arbeit schon über 10 Jahre alt, aber trotzdem ist die Lektüre noch interessant. Wer gerne eine Zusammenfassung der Arbeit lesen möchte, um sich die Schlussfolgerungen und Empfehlungen der Verfasserin anzusehen, wird in den Link-Tipps fündig. Außerdem wird man auf den Webseiten, wo man Tipps zum Kauf von Computer und Monitor findet, auch hinsichtlich der Tastatur viel Wissenswertes erfahren.

Lautsprecher und Kopfhörer

Es gibt TFT-Monitore, in welchen bereits Lautsprecher integriert sind, empfehlenswerter sind meiner Meinung nach jedoch externe PC-Lautsprecher. Falls Sie sowieso vorwiegend mit Kopfhörern arbeiten, benötigen Sie allerdings keine zusätzlichen PC-Lautsprecher. Die meisten Computer verfügen über einen Anschluss für die Kopfhörer. Die Arbeit mit den Kopfhörern ermöglicht das Abhören von Sprachaufzeichnungen, ohne dass andere Personen mithören können. Dies ist aus Gründen des Datenschutzes absolut notwendig, sofern Sie an einem Ort arbeiten, wo sich andere Personen aufhalten. Zudem können Sie durch das Aufsetzen der Kopfhörer leichter eventuelle Störungsquellen ausschalten.

Die Klangqualität der Kopfhörer sollte selbstverständlich gut sein und sie müssen absolut bequem und angenehm zu tragen sein. Am besten legen Sie sich gleich ein Headset mit Mikrofon zu, das können Sie dann auch noch für andere Zwecke nutzen. So benötigen Sie es zum Beispiel, falls Sie Spracherkennungssoftware für die Arbeit einsetzen.

Headsets für den Computer gibt es in den Varianten analog, digital mit USB-Anschluss und drahtlos digital. Da jeder die unterschiedlichsten technischen Voraussetzungen und Bedürfnisse hat, muss auch hier wieder auf die eigene Recherche verwiesen werden. Vermutlich haben Sie sowieso schon ein Headset, das Sie für die Kommunikation via PC nutzen.

Das Multifunktionsgerät (Fax, Drucker, Scanner, Kopierer)

Drucken, faxen, scannen und kopieren können Sie entweder mit den jeweiligen Einzelgeräten oder mit einem Multifunktionsgerät. Ein Multifunktionsgerät ist platzsparender und besonders empfehlenswert, wenn Sie auf engem Raum arbeiten müssen. Falls Sie Ihre Daten vorwiegend per E-Mail, auf CD oder per Upload-Möglichkeit an die Kunden senden und wenig ausdrucken müssen, genügt bereits ein günstiges Gerät, das mit Tintenpatronen arbeitet.

Bei der Auswahl des Gerätes sollten Sie darauf achten, dass die Tintenpatronen sich in einer der mittlerweile weit verbreiteten Tintentankstellen auffüllen lassen, weil dies viel preiswerter ist als ständig neue Tintenpatronen zu kaufen. Es gibt zwar auch viele kompatible Druckerpatronen, aber damit habe ich persönlich keine guten Erfahrungen gemacht.

Müssen Sie viel ausdrucken, ist ein Laser-Multifunktionsgerät besser geeignet für Ihren Bedarf. Ein solches Gerät ist zwar in der Anschaffung üblicherweise teurer und die neuen Toner kosten mehr, aber es lohnt sich trotzdem, weil mit einer Lasertonerkartusche wesentlich mehr Seiten ausgedruckt werden können als mit einer Tintenpatrone.

Jedoch muss nicht nur das Ausdrucken reibungslos funktionieren, sondern Sie müssen damit auch wirklich gut scannen und einfach faxen können. Die Kopierfunktion ist zwar auch nützlich und sollte vorhanden sein, wird aber von mir persönlich jetzt nicht so viel genutzt.

Der USB-Stick

Eine sehr handliche Möglichkeit zum Ablegen und Transportieren von digitalen Daten bieten USB-Sticks, die meistens betriebsfertig eingerichtet sind. Sie müssen den USB-Stick einfach in eine freie USB-Buchse am PC stecken, Windows erkennt den USB-Stick dann in der Regel automatisch als sogenannten Wechseldatenträger. Nun können Sie Daten auf den Stick speichern und bei Bedarf auf einem anderen Computer wieder abrufen.

Es kann vorkommen, dass Sie von Kunden Dateien auf USB-Sticks erhalten oder selbst Daten darauf speichern und entweder persönlich irgendwohin bringen oder per Post verschicken. Aus diesem Grund sollten Sie immer mehrere USB-Sticks haben, wovon am besten einer immer leer ist. Die Abkürzung USB steht übrigens für Universal Serial Bus.

Das Notebook

Das Notebook, welches auch als Laptop bezeichnet wird, liegt was Größe und Leistungsfähigkeit angeht, zwischen dem Desktop und dem Netbook. Sofern Sie sich außer Ihrem Computer noch ein Notebook zulegen möchten, sollten Sie natürlich darauf achten, dass es die notwendigen technischen Anforderungen erfüllt. Selbstverständlich sollte eine WLAN-Karte bzw. ein WLAN-Modul (Wireless Local Area Network) integriert sein, damit Sie kabellos mit Ihrem Notebook ins Internet gehen können. Das ist allerdings heute Standard, so dass man diesbezüglich nicht viel falsch machen kann.

Falls Ihnen zu Anfang nicht die finanziellen Mittel für ein Notebook zur Verfügung stehen, können Sie sich mit der Anschaffung durchaus Zeit lassen oder ganz darauf verzichten, sofern Sie keinen mobilen Sekretariatsservice anbieten oder viel von unterwegs arbeiten möchten. Persönlich finde ich die Arbeit an einem Desktop-PC mit normaler Tastatur sowieso wesentlich angenehmer als am Notebook. Zwar kann man auch eine normale Tastatur an das Notebook anschließen, aber trotzdem geht mir die Arbeit am Computer viel leichter von der Hand.

Falls Sie von Anfang an einen Desktop-PC und ein Notebook nutzen, sollten Sie darauf achten, dass Sie regelmäßig Ihre wichtigen Dateien vom Computer auf dem Laptop und vom Laptop auf dem Computer abspeichern. So haben Sie immer eine zusätzliche Sicherheitskopie Ihrer Daten. Falls Sie sich einen neuen Computer kaufen, können Sie den alten Computer trotzdem behalten und auch zur Datensicherung und eventuell als Ausweicharbeitsplatz nutzen, sofern er das hergibt.

Geräte wie Netbooks, iPads etc. mögen für alles Mögliche nützlich und geeignet sein, aber meiner Auffassung nach nicht für Schreibarbeiten in größerem Umfang, von daher lasse ich diese Geräte komplett außen vor.

- **Tipp: Notebook als Zweitarbeitsplatz.**

  Das Notebook ermöglicht Ihnen nicht nur das mobile Arbeiten und die Datensicherung, sondern es kann gleichzeitig als Ersatzgerät dienen, falls Ihr Computer einmal ausfallen sollte. Installieren Sie die gesamte Software, die Sie für Ihre Arbeit benötigen, auf dem Notebook. Dann können Sie bei Bedarf ohne größere Komplikationen und Zeitverlust mit Ihrer Arbeit auf das Notebook ausweichen.

Die externe Festplatte

Äußerst empfehlenswert für die Ablage von Sicherheitskopien, Backups und Systemabbildern sind auch externe Festplatten. Es gibt nicht nur, was die Speicherkapazität angeht, sondern auch hinsichtlich anderer Eigenschaften zahlreiche Varianten. So gibt es zum Beispiel welche mit Kabel bzw. kabellos, verschiedene Anschlüsse und auch vom Design her ist für jeden Geschmack etwas dabei. Eine sieht sogar aus wie ein Legostein.

Bei Bedarf können Sie im Vorfeld des Kaufes im Internet recherchieren und sich Testergebnisse und Erfahrungsberichte lesen (siehe Link-Tipps im Anhang) oder aber Sie gehen in ein entsprechendes Geschäft und sehen sich die Geräte einfach vor Ort an.

Die Software

Das Betriebssystem

„Ein Betriebssystem ist die Software, die die Verwendung (den Betrieb) eines Computers ermöglicht. Es verwaltet Betriebsmittel wie Speicher, Ein- und Ausgabegeräte und steuert die Ausführung von Programmen“ (Quelle: www.softwarenewsplanet.de, zugegriffen am 16.05.2012). Es gibt zwar auch kostenlose Betriebssysteme wie Linux, aber wie ich schon weiter oben erwähnte, müssen sowohl Sie problemlos die Vorlagen und Dateien der Kunden bearbeiten können als auch die Kunden wiederum mit den Ergebnissen Ihrer Arbeit zurechtkommen.

Auf Personal Computern werden meistens die Betriebssysteme von Microsoft Windows genutzt. In einem Artikel auf Wikipedia wird ihr Marktanteil im Bereich der PC-Betriebssysteme auf 92 Prozent geschätzt (Quelle: de.wikipedia.org/wiki/Microsoft_Windows, zugegriffen am 16.05.2012). Ein neuer Computer wird üblicherweise mit dem Betriebssystem Windows 7 ausgestattet sein. Auf älteren Rechnern ist hingegen manchmal noch Windows Vista bzw. vielleicht sogar noch dessen Vorgängerversion Windows XP installiert.

Windows 7 gibt es in den unterschiedlichen Versionen Starter, Home Basic, Premium, Professional, Ultimate und Enterprise. Die Focus Online-Redakteurin Claudia Frickel hat am 22.10.2009 einen Artikel mit der Überschrift „Microsoft. Das richtige Windows 7 für jeden“ veröffentlicht, der auf die Gemeinsamkeiten und Unterschiede der einzelnen Versionen eingeht (siehe Link-Tipps). Die Lektüre kann bei der Entscheidung für die Version hilfreich sein.

Einen vergleichenden Überblick über die Editionen, der selbstverständlich viel ausführlicher ist, kann man auf der Webseite von Microsoft studieren (siehe Link-Tipps). Persönlich würde ich für eine Kleinstfirma zu Windows 7 Professional raten, aber Sie mögen ja durchaus ganz andere Prioritäten setzen oder Präferenzen haben.

Mittlerweile befindet sich Windows 8 in der Entwicklung bzw. kurz vor der Fertigstellung. So wie ich es verstanden habe, wird das Betriebssystem aber eher für Geräte mit Touchscreen ausgelegt sein. Falls Sie sich trotzdem darüber informieren bzw. es ausprobieren möchten, werden Sie in den Download-Links darauf verwiesen, wo Sie eine Vorabversion herunterladen können. Aus naheliegenden Gründen sollten Sie diese Vorabversion von Windows 8 jedoch nicht auf Ihrem hauptsächlich für die Arbeit genutzten Computer installieren. Lesen Sie vor der Installation unbedingt auch die FAQ und die Warnhinweise durch!

Welche Software Sie konkret benötigen, hängt stark davon ab, welche Dienstleistungen Sie außer reinen Schreibarbeiten noch erbringen möchten. Je nachdem, ob Sie PowerPoint-Präsentationen erstellen, Webseiten gestalten, Grafiken und Bildbearbeitung anbieten, ist der Bedarf hier natürlich sehr unterschiedlich. In der Folge führe ich einige Programme auf, die ich persönlich als Basisausstattung für ein Schreibbüro ansehe. Selbstverständlich werden Sie einiges davon sowieso schon auf dem PC haben und außerdem etliche Programme, die hier nicht auftauchen.

Das Textverarbeitungs- und das Tabellenkalkulationsprogramm

Es ist von zentraler Bedeutung, dass die von Ihnen angefertigten Dateien von den Kunden problemlos genutzt werden können. Microsoft bietet mit seinen Office-Paketen ein Bündel an Programmen, die für Ihre Zwecke gute Lösungen bieten und zudem sehr weit verbreitet sind.

Die Kunden möchten die Dateien meistens als Word-Dokumente erhalten, insofern gehört Word als Textverarbeitungsprogramm zur Grundausstattung Ihres Computers. Word 2010 ist die aktuellste Version. In den Link-Tipps habe ich die entsprechende Webseite von Microsoft aufgenommen, wo Sie sich über Word 2010 informieren können, Tipps und Tricks erhalten und sich Online-Kurse zu gewissen Themen ansehen können.

Erfassen Sie häufig für Kunden Daten in Tabellen, werden Sie dies vermutlich mit Microsoft Excel erledigen. Auch für Excel gibt es in den Link-Tipps einen Hinweis.

Die Transkriptionssoftware

Für die Verschriftlichung von Audio- und Videodateien benötigen Sie unbedingt mindestens eine Software. Hier möchte ich die beiden Programme aufführen, die am häufigsten dafür genutzt werden.

a) Express Scribe

Die Firma NCH aus Australien stellt auf ihrer Webseite die Transkriptionssoftware Express Scribe zur Verfügung (siehe Download-Links). Diese Software unterstützt die gängigsten digitalen Formate, ist leicht zu bedienen und ermöglicht ein sehr komfortables Arbeiten, weil Sie unter anderem die Geschwindigkeit und Hintergrundrauschen reduzieren bzw. die Lautstärke erhöhen können, was beim Abspielen von Audiodateien schlechter Qualität sehr hilfreich ist.

Es gibt eine kostenlose Version davon, die man auch als Kleinunternehmen nutzen darf. Express Scribe Pro verfügt über mehr Funktionen, muss jedoch gekauft werden. Bevor Sie sich die Software herunterladen, empfehle ich Ihnen die FAQ auf der Webseite zu lesen, weil auf diese Weise viele Fragen schon im Vorfeld geklärt werden können.

b) f4

Eine Alternative zu Express Scribe ist f4. Der große Vorteil von f4 ist, dass Sie die Dokumente mit Zeitmarken versehen können. Dies benötigen etliche Kunden hinterher für die Auswertung der Daten.

Auf der Webseite, die in den Download-Links aufgeführt wird, können Sie sich über sämtliche Features informieren, sich das Benutzerhandbuch für f4 oder auch das Praxisbuch Transkription herunterladen. Außerdem können Sie dort sehr viel Wissenswertes rund um das Thema Transkription erfahren.

Bis Ende April dieses Jahres war auch f4 komplett kostenlos, seither ist die kommerzielle Nutzung jedoch nur noch für den moderaten Preis von derzeit 49 Euro (Stand Mai 2012) möglich.

Spracherkennungssoftware

Spracherkennungssoftware ermöglicht nicht nur die Steuerung des Computers über Sprache, sondern auch die Texterfassung über Sprache direkt in den PC. Vor einigen Jahren hatte ich mir Dragon Naturally Speaking von Nuance gekauft, um auszuprobieren, ob es die Arbeit erleichtert. Es kostet etwas Zeit, bis man das Programm installiert und auf seine Stimme trainiert hat. Außerdem muss man sich die Befehle aneignen. Beim Sprechen bzw. Vorlesen muss man sehr deutlich sprechen, die Satzzeichen und Absätze diktieren etc. Nachdem man das Programm auf seine Stimme trainiert hat und ihm häufig benutzte Wörter „beigebracht" hat, finde ich die Erkennungsquote ganz gut. Zum reinen Erfassen von Text, der nicht kompliziert formatiert werden muss, kann es ganz nützlich sein. Allerdings muss man hinterher immer noch prüfen, ob Fehler drin sind.

Im Endeffekt habe ich mir dann allerdings nicht die Zeit genommen mich richtig intensiv damit zu befassen, weil ich meistens Interviews bearbeite, bei denen die Sprecher wechseln, verschiedene Akzente und Dialekteinfärbungen zum Tragen kommen, fremdsprachliche Anteile vorkommen und vieles mehr. Ganz zu schweigen von kommentierten Transkriptionen, wo zudem die ganze Interviewatmosphäre wiedergegeben werden muss, was natürlich keine Software kann. Falls Sie jedoch häufiger hand- oder maschinschriftlich geschriebene Texte am PC erfassen müssen, können Sie die Software dafür einsetzen. Vermutlich sind Sie als geübte Schreibkraft zwar fast genauso schnell, aber Ihre Handgelenke und Finger werden dadurch geschont. Ferner ist es auch eine nette Abwechslung mal anders zu arbeiten. In den Link-Tipps finden Sie einige Hinweise auf Webseiten, wo Sie Erfahrungs- und Testberichte lesen können.

Falls Sie sich gerne Video-Tutorials aus dem Bereich ansehen möchten, rufen Sie die Startseite von YouTube auf und geben Sie den Begriff „Spracherkennung" in das Suchfeld ein. Während der Eingabe schlägt Ihnen der Computer dann bereits verschiedene Optionen vor. Sie können zum Beispiel Videos zur Spracherkennung mit Windows 7 oder andere Videos auswählen. Die Suche bei YouTube können Sie natürlich zu allen Fragestellungen machen, über die Sie Informationen benötigen. Man findet dort wirklich sehr viele lehrreiche Videos zu den unterschiedlichsten Aspekten.

Texterkennungssoftware

Eine Texterkennungssoftware sollte auf auch Ihrem PC installiert sein. Es ist wahrscheinlich, dass die Texterkennungssoftware zum Lieferumfang Ihres Scanners oder Multifunktionsgerätes mit Scanfunktion gehört und Sie somit bereits eine haben. Wenn Sie in der Systemsteuerung die Programme auf dem Computer durchsuchen, sehen Sie vermutlich ein Programm mit der Abkürzung OCR. Das bedeutet Optical Character Cognition, sprich optische Zeichenerkennung. Ausdrucke oder maschinenschriftlich getippte Sachen können Sie mit mehr oder weniger gutem Ergebnis damit erfassen und nachbearbeiten. Bei handschriftlichen Dokumenten sind die Ergebnisse meines Wissens nicht brauchbar.

Auch in Google Docs gibt es übrigens eine kostenlose OCR-Software. Der Link zu einem Video auf YouTube, wo genau erklärt wird, wie das funktioniert, wird in den Link-Tipps aufgelistet. Außerdem gibt es dort noch einen Hinweis auf eine Seite auf Wikipedia, die sich mit Texterkennung befasst.

Der PDF-Reader

Ein PDF-Reader, den Sie zur Anzeige von PDF-Dokumenten benötigen, gehört auf jeden Fall Basisausstattung Ihres Computers. Der bekannteste PDF-Reader ist der Adobe Reader. Weniger Speicherplatz benötigt der Foxit PDF-Reader, der zudem etwas schneller ist. Allerdings hat er einen etwas geringeren Funktionsumfang und ist auf Englisch. Beide PDF-Reader können Sie sich gratis aus dem Internet herunterladen (siehe Download-Links). Es gibt darüber hinaus selbstverständlich eine Vielzahl an weiteren Readern.

Der PDF-Editor

Es gibt nicht nur einen kostenlosen Foxit PDF-Reader, sondern auch einen kostenlosen Editor. PDF-Dateien bearbeiten und erstellen können Sie zudem auch mit dem kostenlosen PDF24 Creator. Wo Sie diese beiden und weitere PDF-Editoren herunterladen können, erfahren Sie in den Download-Links.

Programm zum Packen und Entpacken

Ein Programm zum Packen und Entpacken komprimierter Dateien gehört auch auf jeden Computer. Ein Beispiel für ein kostenloses, gutes Programm ist 7 Zip. In den Download-Links erfahren Sie, wo Sie es herunterladen können und sich auch gleich ein Video zur Handhabung ansehen können:

Easy Cash & Tax

Ihre Einnahmen-Überschuss-Rechnung können Sie zum Beispiel mit der Software Easy Cash & Tax erledigen, welche speziell für Freiberufler und Kleingewerbetreibende entwickelt wurde und leicht an individuelle Bedürfnisse angepasst werden kann. Sie können damit auch Umsatzsteuervoranmeldungen und Umsatzsteuererklärungen machen. Es gibt auch ein Plugin „Elster-Export", um diese per Elster an das Finanzamt zu übermitteln. Laut Website besteht da zwar noch Handlungsbedarf, was sich aber bis Sie das Buch in Händen halten, wieder erledigt haben kann. Bei den Nutzungsbedingungen auf der Website erfährt man, dass es sich um eine Charityware handelt, die man sich kostenlos herunterladen kann (siehe Download-Links). Wer mag, kann allerdings dem Entwickler eine Spende zukommen lassen.

Der Web-Browser

Wikipedia erläutert diesbezüglich: „Webbrowser [...] sind spezielle Computerprogramme zum Betrachten von Webseiten im World Wide Web oder allgemein von Dokumenten und Daten. Das Durchstöbern des World Wide Webs beziehungsweise das aufeinanderfolgende Abrufen beliebiger Hyperlinks als Verbindung zwischen Webseiten mit Hilfe solch eines Programms wird auch als Internetsurfen bezeichnet. Neben HTML-Seiten können Webbrowser verschiedene andere Arten von Dokumenten anzeigen. Webbrowser stellen die Benutzeroberfläche für Webanwendungen dar." (Quelle: de.wikipedia.org/wiki/Internet-Browser, zugegriffen am 16.05.2012) Zu den bekanntesten Internet-Browsern gehören Mozilla Firefox, Internet Explorer, Opera und Google Chrome. Installieren Sie sich ruhig zwei oder drei verschiedene Browser auf dem Computer, damit Sie ausprobieren können, welcher Ihnen am meisten zusagt.

Schutz des Computers und der Daten

Der Schutz Ihres Computers vor Viren, Trojanern und Spyware ist immens wichtig. Für das Betriebssystem und den Browser sollten immer die aktuellsten Updates heruntergeladen werden. Im Umgang mit den E-Mails ist große Vorsicht geboten, klicken Sie nie auf verdächtige E-Mail-Anhänge.

Zudem ist die Installation eines Virenscanners sowie von Malware- und Antispyware-Scannern unabdingbar. Empfehlenswert ist auch die Nutzung einer Firewall. Selbstverständlich müssen Sie sämtliche Scanner regelmäßig updaten, damit Sie über den größtmöglichen Schutz verfügen. Ziehen Sie bei diesen Themen ruhig einen Fachmann/eine Fachfrau zu Rate.

Außerdem müssen Sie sich mit Themen wie Datensicherheit, Datenschutz, Verschlüsselung usw. befassen und hierfür Lösungen finden. In den Link-Tipps erhalten Sie Hinweise auf Webseiten, wo Sie sich intensiv damit auseinandersetzen können.

Andere Geräte

Der USB-Fußschalter

Man kann sowohl die Transkriptionssoftware Express Scribe als auch f4 manuell über Funktionstasten steuern, mit einem USB-Fußschalter geht die Arbeit jedoch wesentlich schneller. Bei audiotranskription.de wird die Zeitersparnis gegenüber der Transkription ohne Fußschalter mit bis zu 30 Prozent angegeben (vgl. www.audiotranskription.de/schreibplatz-office.htm, zugegriffen am 16.05.2012).

Falls Sie ein Handicap haben, welches Sie daran hindert einen Fußschalter zu bedienen, möchte ich erwähnen, dass ich zu Beginn meiner Selbstständigkeit mit den Steuerungstasten arbeitete und man auch dabei eine beachtliche Geschwindigkeit entwickeln kann. Sollten Sie jedoch in der Lage sein, einen Fußschalter zu bedienen, würde ich Ihnen raten gleich zu Beginn einen anzuschaffen. Die Zeitersparnis ist doch beträchtlich und in diesem Kontext trifft die Aussage von Benjamin Franklin „Zeit ist Geld“ wirklich uneingeschränkt zu.

Es gibt verschiedene Ausführungen von USB-Fußschaltern. Unabhängig davon, für welche Ausführung Sie sich entscheiden, müssen Sie beim Kauf darauf achten, dass der USB-Fußschalter mit der Transkriptionssoftware und dem Betriebssystem auf Ihrem Computer kompatibel ist. Wo Sie USB-Fußschalter erwerben können, erfahren Sie in den Link-Tipps.

Das Handy

Ständige Erreichbarkeit ist heutzutage im Geschäftsleben die Norm und die meisten Dienstleisterinnen möchten auch per Handy erreichbar sein. Gewiss besitzen Sie bereits ein Mobiltelefon, welches Sie dafür nutzen können. Sofern Sie auch beim Handy verschiedene Nummern für private und geschäftliche Telefonate bevorzugen, müssen Sie keine zwei Handys mit sich herumtragen, dafür gibt es mittlerweile Dual-Sim-Handys.

Das Telefon

Für Ihren zweiten Anschluss, den Sie für die geschäftlichen Telefonate eingerichtet haben, benötigen Sie ein zusätzliches Telefon. Kaum jemand hat noch ein schnurgebundenes Telefon, die meisten Leute nutzen lieber schnurlose Geräte. Beim Kauf gibt es wieder einiges zu beachten. Mir ist zum Beispiel wichtig, dass es sich um ein strahlungsarmes Gerät handelt. Außerdem muss es über eine Headset-Buchse verfügen. Von zentraler Bedeutung ist für mich auch, dass man angenehme Klingeltöne zur Auswahl hat, das Gerät leiser und ausschalten kann. Gemäß Ihren Bedürfnissen, werden Sie beim Kauf entweder ähnliche oder gänzlich andere Schwerpunkte setzen.

Der Anrufbeantworter

Je nach Telefonanbieter haben Sie vermutlich eine T-Net-Box oder Message-Box aktiviert. Sofern Sie noch einen klassischen Anrufbeantworter nutzen, sollte es möglichst ein digitaler, fernabfragbarer Anrufbeantworter sein. In den Basisstationen der meisten schnurlosen Telefone ist jedoch schon ein fernabfragbarer Anrufbeantworter integriert, so dass Sie keinen zusätzlichen Anrufbeantworter mehr benötigen. Unabhängig davon, welches Gerät oder welche Funktion Sie verwenden, Ihr Anrufbeantworter sollte immer über die Zeiten informieren, zu denen Sie erreichbar sind. Für dringende Anliegen können Sie Ihre Handynummer aufsprechen, sofern Sie von unterwegs das Handy für geschäftliche Telefonate nutzen möchten.

Das Abspielgerät für Mikro- und normale Kassetten

Zu Beginn meiner selbstständigen Tätigkeit erhielt ich noch Anfragen, wo es darum ging Kassetten abzutippen. Dies ist heute jedoch so gut wie gar nicht mehr der Fall, da die meisten Aufzeichnungen in digitaler Form vorliegen. Zumindest bei mir sind solche Anfragen schon länger nicht mehr vorgekommen. Um analoge Aufzeichnungen bzw. Diktate von Kassetten tippen zu können, benötigen Sie ein Wiedergabegerät für Mikro- bzw. normale Kassetten mit Kopfhörer und Fußteil. Diese Geräte sind nicht billig, wenn Sie sich jedoch gerne damit ausrüsten wollen, können Sie vielleicht über das Internet gebrauchte Geräte erstehen.

Der Internetanschluss

Von Ihrem Home-Office aus können Sie ganz einfach bundes- bzw. weltweit arbeiten. Allerdings ist ein schneller Zugang zum Internet dafür zwingend erforderlich, damit Sie problemlos umfangreiche Dateien hoch- und herunterladen und vielfältige andere Tätigkeiten ausführen können. Sehr weit verbreitet ist in Deutschland DSL (Digital Subscriber Line). DSL bietet eine einfache und preiswerte Möglichkeit über das Telefonnetz ins Internet zu gelangen. Bei den meisten Anbietern werden eine einmalige Abschlussgebühr und zudem eine monatliche DSL-Gebühr fällig. Hinzu kommen oft noch monatliche Gebühren für die Flatrate. Wenn man außerdem unbegrenzt zu einem Pauschalpreis telefonieren möchte, kostet das extra. Die benötigten Geräte werden üblicherweise vom Anbieter mitgeliefert.

Man kann außerdem auch über den Kabel-TV-Anschluss im Internet surfen. Hier gibt es häufig Triple-Play Angebote, das heißt, die Versorgung mit Fernsehen, Telefon und Internet aus einer Hand. Diesbezüglich habe ich selbst jedoch keine Erfahrung und kann nicht sagen, wie zuverlässig das funktioniert. Bei Interesse recherchieren Sie am besten nach Erfahrungsberichten von Personen, die das nutzen und informieren sich dann bei einem der Anbieter über die Konditionen und Möglichkeiten.

Seit einiger Zeit gibt es auch einen neuen Mobilfunkstandard, der mit dem Begriff LTE (Long Term Evolution) bezeichnet wird. LTE soll das mobile Surfen sogar noch schneller machen als DSL-Hausanschlüsse. Der große Vorteil davon ist, dass die Nutzung oft auch in ländlichen Regionen möglich ist, wo noch keine Versorgung mit DSL existiert. Ob LTE bei Ihnen bereits verfügbar ist, können Sie überprüfen, indem Sie „LTE Verfügbarkeit“ in eine Suchmaschine eingeben, dann eines der Suchergebnisse auswählen und dort ihre Anschrift eingeben. Natürlich sollten Sie sich vor einer eventuellen Bestellung sehr gründlich informieren und vor allem Erfahrungsberichte im Internet lesen. Bei einem Anbieter habe ich sogar die Möglichkeit gesehen, dass man LTE einen Monat lang kostenlos ausprobieren kann. Am besten tun Sie das dann jedoch schon rechtzeitig vor der Gründung, weil Ihre Versorgung unbedingt stehen muss, wenn Sie Anfragen und Aufträge haben.

Bei der Wahl des Internet-Anbieters ist es wichtig, dass die Versorgung auf einem hohen Niveau und möglichst störungsfrei geleistet wird. Außerdem sollte der Support gut zu erreichen sein und bei Problemen schnell reagieren. Wenn man private E-Mails einmal nicht abrufen kann, mag das ärgerlich sein, aber wenn man die geschäftlichen E-Mails nicht lesen und somit auch nicht darauf reagieren kann, ist dies schon wesentlich gravierender. Das kann nicht nur den Eindruck von schlechter Erreichbarkeit vermitteln, sondern sogar dazu führen, dass einem Aufträge entgehen, weil man nicht rechtzeitig auf Anfragen reagieren konnte. Zudem kann es im schlimmsten Fall vorkommen, dass man Aufträge nicht fristgerecht liefern kann, die man schon abgeschlossen hat. Der „Supergau" ist natürlich, wenn man weder auf seine E-Mails zugreifen noch angerufen werden kann, weil man auch über das Internet telefoniert. Aus all diesen Gründen sollte man sich nicht unbedingt für den billigsten Anbieter entscheiden, sondern auf Qualität achten.

- **Tipp: Internet-Telefonie bzw. Voice over IP (VoIP).**

  Bei der Bestellung eines DSL-Anschlusses kann man meistens die Option Internet-Telefonie wählen. Zwar ist dies kostengünstig und man kann sich auf diese Weise unkompliziert mehrere Telefonnummern einrichten, trotzdem sollte man sich das gut überlegen. Zum einen ist die Qualität der Gespräche nicht ganz so hochwertig wie bei normalen Telefonaten, zum anderen lassen sich Internet-Telefonate leichter abhören.

  Außerdem kann es unter Umständen beim Senden von Faxen Probleme geben. Dies funktioniert dann zwar meistens von Computer zu Computer, aber eventuell nicht in guter alter Manier von Faxgerät zu Faxgerät. Falls Sie sich für ein Angebot mit Internet-Telefonie entscheiden, informieren Sie sich vor Vertragsschluss bei dem von Ihnen anvisierten Anbieter über die Möglichkeit des Sendens und Empfangens von Faxen.

  Ein zentraler Punkt ist aber auch, wie ich eben schon erwähnte, dass bei Störungen der Internetversorgung auch das Telefonieren nicht funktioniert, außer per Handy natürlich.

Wichtige Entscheidungen im Vorfeld der Gründung

Die Rechtsform

Die Wahl der Rechtsform hat wirtschaftliche, rechtliche und steuerliche Konsequenzen. Für die Gründung eines Schreibbüros im Home-Office ist meiner Auffassung nach ein Einzelunternehmen am geeignetsten. Es lässt sich kostengünstig und unkompliziert gründen. Man muss weder Mindestkapital nachweisen noch das Unternehmen ins Handelsregister eintragen, wenn es sich um ein Kleingewerbe handelt. So spart man nicht nur das Geld für den Handelsregistereintrag, sondern unterliegt auch nicht der Pflicht zur doppelten Buchführung, was zu geringerem Aufwand bei der Buchführung und somit zu niedrigeren Steuerberatungskosten führt.

Die Begriffe Kleingewerbe und Kleinunternehmen werden im Internet teilweise synonym benutzt, deswegen möchte ich an dieser Stelle kurz darauf hinweisen, dass das nicht richtig ist. Der Begriff Kleingewerbetreibender bezeichnet Gewerbetreibende, die nicht über die Kaufmannseigenschaft gemäß § 1 HGB verfügen und somit weder zum Eintrag ins Handelsregister noch zur doppelten Buchführung verpflichtet sind. Man muss als Kleingewerbetreibender jedoch nicht zwangsläufig Kleinunternehmer sein. Einen Exkurs über die Kleinunternehmer-Reglung können Sie im Kapitel über Steuern lesen.

Als Kleingewerbetreibender kann man sich allerdings freiwillig ins Handelsregister eintragen lassen. Über die Rechtsfolgen dieser Eintragung und die damit verbundenen Vor- und Nachteile können Sie sich bei jeder IHK und im Internet informieren. Es würde an dieser Stelle zu weit führen darauf ausführlich einzugehen.

Als Einzelunternehmerin gelten Sie vor dem Gesetz als natürliche Person und treffen alle Entscheidungen für das Unternehmen selbst, tragen allerdings auch das Risiko allein. Für die Verbindlichkeiten des Unternehmens haften Sie sowohl mit Ihrem geschäftlichen als auch mit Ihrem privaten Vermögen.

Der Name bzw. die Geschäftsbezeichnung

Welche Geschäftsbezeichnung man wählen darf, wird unter anderem von der Rechtsform des Unternehmens beeinflusst. Früher war es so, dass nicht im Handelsregister eingetragene Einzelunternehmen im Geschäftsverkehr mit ihrem Vor- und Zunamen auftreten mussten, wobei mindestens ein Vorname ausgeschrieben sein musste. Ergänzend dazu durfte man eine Branchen- oder Sachbezeichnung führen, wobei in diesem Metier meistens Begriffe wie „Schreibbüro", „Schreibservice" oder „Schreibdienst" gewählt wurden.

Schon längere Zeit dürfen auch Kleingewerbetreibende ergänzend zum Namen ein Fantasiewort führen. Die IHK Rhein-Neckar erläutert hierzu: „Individuell und möglichst fantasievoll gestaltete Geschäftsbezeichnungen ("Software-Doktor", "Immo-Hai", "Flower Floristik-Team") kennzeichnen das Unternehmen zusätzlich zu dem bürgerlichen Namen des Gewerbetreibenden. Sie können z.B. am Telefon oder in Werbung auch alleine verwendet werden, dürfen aber nicht firmenmäßig gebraucht werden." (Quelle: www.rhein-neckar.ihk24.de, zugegriffen am 21.05.2012)

Der gewählte Namenszusatz darf jedoch auf keinen Fall zu falschen Schlussfolgerungen führen, was auf der Homepage der IHK Stade folgendermaßen konkretisiert wird: „Werden dem Vor- und Zunamen des Einzelunternehmens [...] andere Zusätze beigefügt, sollte darauf geachtet werden, dass Zusätze, die nach der Verkehrsauffassung eine gewisse Größenordnung oder Alleinstellung andeuten, wettbewerbsrechtlich problematisch sein können. Beispiele dafür wären Zusätze wie "Werk", "Fabrik", "Erste ...", "Beste ...", geografische Zusätze wie "Berliner", "Brandenburgische", "Deutsche" u. ä." (Quelle: www.stade.ihk24.de, zugegriffen am 21.05.2012)

Ebenda wird ausgeführt, dass Geschäftsbezeichnungen üblicherweise nicht registriert werden, sondern ab ihrer Ingebrauchnahme geschützt sind, falls sie unterscheidungskräftig genug sind und verwendet werden können, sofern nicht die Rechte Dritter verletzt werden (vgl. www.stade.ihk24.de, zugegriffen am 21.05.2012).

Seit Inkrafttreten des Dritten Mittelstandsgesetzes vom 25.03.2009 hat sich die Situation durch die Aufhebung des § 15 b GewO dahingehend verändert, dass es derzeit keine zentrale gewerberechtliche Vorschrift für die Pflichtangaben von Kleingewerbetreibenden mehr gibt.

Auf der Internetpräsenz der IHK Würzburg kann man hierzu nachlesen: „Wer als Einzelunternehmer nicht in das Handelsregister eingetragen ist (Kleingewerbetreibender), muss seit Inkrafttreten des Dritten Mittelstandsentlastungsgesetzes (MEG III) vom 25.03.2009 im Geschäftsverkehr nicht mehr mit dem ausgeschriebenen Vor- und Zunamen auftreten. Allerdings ist darauf zu achten, dass der Gewerbetreibende gemäß § 37 HGB nicht firmenähnlich im Geschäftsverkehr auftritt." (Quelle: www.wuerzburg.ihk.de, zugegriffen am 21.05.2012)

Diesbezüglich wird allerdings von vielen Industrie- und Handelskammern empfohlen die bisher geltenden Regelungen zu beachten, da noch nicht absehbar ist, welche Auswirkungen die Streichung des § 15 b GewO haben wird.

- **Tipp: Wahl der Geschäftsbezeichnung.**

  Wählen Sie als Geschäftsbezeichnung „Schreibbüro", „Schreibdienst", „Schreibservice" in Verbindung mit Ihrem Vor- und Zunamen, ist die Wahrscheinlichkeit sehr hoch, dass noch niemand diese Geschäftsbezeichnung verwendet. Zudem ist für die Kunden dann sofort ersichtlich, mit wem sie es zu tun haben und welche Dienstleistung von Ihnen angeboten wird.

  Recherchieren Sie auf jeden Fall gründlich, ob der von Ihnen bevorzugte Name bereits in Gebrauch ist und ob auch noch eine passende Domain frei ist, bevor Sie Ihren Unternehmensauftritt gestalten und die Domain hosten. Damit ersparen Sie sich unnötigen Ärger und Kosten, die sonst durch die Verletzung der Rechte Dritter entstehen könnten.

Selbstständig im Haupt-, Nebenerwerb oder Zuerwerb

Grundsätzlich besteht die Möglichkeit ein Gewerbe in Voll- oder Teilzeit zu betreiben. Geht man der gewerblichen Tätigkeit in Vollzeit nach, spricht man von Haupt- oder Vollerwerb. Wird das Gewerbe hingegen ergänzend zu einer angestellten Erwerbstätigkeit in Teilzeit ausgeübt, handelt es sich um Nebenerwerb. Als Zuerwerb bezeichnet man die Teilzeit-Erwerbstätigkeit von Personen, deren Hauptaktivität nicht auf Erwerb ausgerichtet ist (haushaltsführende Personen, Rentner, Studierende etc.).

Sowohl die Gründung im Haupterwerb als auch die Gründung im Neben- oder Zuerwerb haben Vor- und Nachtteile. Den Existenzgründungszuschuss oder das Einstiegsgeld erhält man zum Beispiel nur bei hauptberuflicher Gründung. Falls man allerdings keine Förderung erhält, kann die Gründung im Neben- oder Zuerwerb die bessere Wahl sein, weil der Lebensunterhalt dann in der Regel bereits anderweitig gesichert ist. So kann man die Sache entspannter angehen und steht nicht gleich unter einem enormen finanziellen Druck. Man kann einfach ausprobieren, ob die selbstständige Tätigkeit einem Freude macht und ob man es schafft genügend Aufträge zu erhalten.

Allerdings ist der Auf- und Ausbau einer selbstständigen Existenz parallel zu einer Vollzeitbeschäftigung schwierig. Man ist für die Kunden telefonisch schlecht erreichbar, kann nicht zügig auf E-Mails reagieren und hat für die Akquise und für das Ausführen der ersten Aufträge wenig Zeit.

Welche Form der Gründung Ihrer persönlichen Situation und Ihren Zielen am ehesten entspricht, können nur Sie selbst entscheiden. Meistens lässt sich jedoch als Ein-Personen-Betrieb mit Schreibarbeiten am Anfang sowieso kein Vollzeiteinkommen erwirtschaften, so dass eine Teilzeitgründung oft eine notwendige Übergangsphase darstellt, sofern man keine Förderung erhält oder nicht über ausreichende finanzielle Rücklagen verfügt. Viele Personen möchten mit der selbstständigen Tätigkeit sowieso nur einen Zuverdienst erzielen und sind deswegen dauerhaft in Teilzeit selbstständig.

Die Teilzeitgründung

Die aktuellen Zahlen aus dem Jahr 2011 im KfW-Gründungsmonitor vom April 2012 zeigen einen deutlichen Rückgang der Nebenerwerbsgründungen um 18 Prozent, während die Anzahl der Vollerwerbsgründungen nahezu konstant blieb. Dieser Rückgang wird vor allem auf die gute Arbeitsmarktlage zurückgeführt (vgl. KfW Research – KfW Gründungsmonitor 2012).

Sofern die ab 2013 geplante Rentenversicherungspflicht für hauptberuflich Selbstständige, die derzeit in den Medien diskutiert wird, in der geplanten Weise eingeführt wird, erschwert das die Situation von Kleingewerbetreibenden allerdings immens, was nach meiner Einschätzung wieder zu mehr Teilzeitgründungen führen wird.

Schreibbüros im Home-Office werden vorwiegend von Frauen gegründet, die das häufig im Neben- oder Zuerwerb ausüben. Darüber hinaus ist meines Wissen in vielen Fällen eine dauerhafte Teilzeitselbstständigkeit beabsichtigt. Aus diesem Grund werde ich in diesem Kapitel ausführlich auf die Teilzeitgründung in unterschiedlichen Ausgangssituationen eingehen.

Im Nebenberuf selbstständig

Grundsätzlich ist es erlaubt eine nebenberufliche Tätigkeit auszuüben, und zwar unabhängig davon, ob es sich um eine angestellte oder selbstständige Nebentätigkeit handelt. In vielen Arbeitsverträgen gibt es jedoch Klauseln, welche die Aufnahme von Nebentätigkeiten einschränken. Problematisch kann die Situation insbesondere dann sein, wenn man dem Arbeitgeber durch die selbstständige Nebentätigkeit Konkurrenz macht. Dies ist nach meiner Recherche nicht zulässig. Sollten Sie Zweifel haben, ob das bei Ihnen der Fall ist, empfehle ich Ihnen sich juristisch beraten zu lassen. Es ist mit Sicherheit klüger das im Vorfeld abzuklären, als sich unnötigen Ärger einzuhandeln und seine Ideen dann nicht dauerhaft umsetzen zu können, obwohl man entsprechende Aufträge erhalten würde.

Ebenso wenig darf man wegen der Nebentätigkeit die Pflichten gegenüber dem Arbeitgeber vernachlässigen. So geht es natürlich nicht an, dass man vom Arbeitsplatz aus Aufgaben erledigt, die im Zusammenhang mit der selbstständigen Tätigkeit stehen. Kritisch kann es weiterhin sein den Erholungsurlaub für die selbstständige Nebentätigkeit zu verwenden, weil dies durch Überbeanspruchung dazu führen kann, dass man im Job nicht mehr den vollen Arbeitseinsatz bringen kann. Schon gar nicht sollte man während einer ärztlich attestierten Arbeitsunfähigkeit nebenberuflich arbeiten, insbesondere wenn dadurch die Genesung verzögert oder gefährdet wird.

Da Sie für Ihr Schreibbüro Werbung machen müssen, ist es nur eine Frage der Zeit bis Ihr Arbeitgeber darauf aufmerksam wird. Aus diesem Grund sollten Sie vor Aufnahme der selbstständigen Nebentätigkeit die Angelegenheit klären, auch wenn Sie davon ausgehen, dass keines der oben erwähnten Probleme auf Sie zutrifft. Falls Sie im öffentlichen Dienst beschäftigt oder verbeamtet sind, dürfen Sie Nebentätigkeiten, abgesehen von ein paar Ausnahmen, sowieso nur mit Genehmigung ausüben.

- **Tipp: Unbedingt Status beachten.**

  Die selbstständige Tätigkeit wird übrigens nur als nebenberuflich eingestuft, wenn sie in einem niedrigeren zeitlichen Umfang ausgeübt wird als die hauptberufliche Tätigkeit und die Einnahmen daraus nicht höher sind als das Gehalt. Ansonsten kann sie als hauptberuflich eingestuft werden, was dann zur Folge hat, dass Sie die Beiträge zur Sozialversicherung (Krankenkasse, Pflegeversicherung) selbst tragen müssen. Dies müssen Sie immer im Blick haben, damit Sie nicht plötzlich unbeabsichtigt den Angestellten-Status verlieren und horrende Summen an Sozialversicherung zahlen müssen. Außerdem hat meine Internetrecherche gezeigt, dass die Krankenkassen das sehr unterschiedlich handhaben und es insbesondere bei Teilzeitstellen Schwierigkeiten geben kann. Vergewissern Sie sich unbedingt vor der Gründung, wie Ihre Krankenkasse das handhabt, insbesondere wenn Sie nur in Teilzeit angestellt sind oder beabsichtigen Ihre Arbeitszeit zu reduzieren.

Sofern Sie den Aufbau Ihres Schreibbüros intensiver betreiben möchten, als dies neben einer Vollzeitstelle möglich ist, können Sie unter Umständen Ihre Arbeitszeit reduzieren. Ab einer bestimmten Betriebsgröße besteht unter gewissen Voraussetzungen ein Anspruch auf Verringerung der Arbeitszeit. Falls Sie eine Arbeitszeitreduzierung in Erwägung ziehen, können Sie auf der Webseite des Bundesministeriums für Justiz den genauen Gesetzestext des § 8 TzBfG nachlesen (siehe Link-Tipps). Bedenken Sie jedoch, dass Sie dann in der Anfangszeit voraussichtlich weniger Geld zur Verfügung haben werden, da die selbstständige Tätigkeit zwar Kosten (Anschaffungen, Werbung etc.) verursacht, aber Sie voraussichtlich noch keine nennenswerten Einnahmen erzielen werden.

Arbeitslos und selbstständig

Während des Bezuges von Arbeitslosengeld können Sie eine Nebentätigkeit auf selbstständiger Basis ausüben, ohne deswegen den Anspruch auf die Leistungen zu verlieren. Die wichtigsten Regelungen werden hier zusammengefasst, es wird jedoch ausdrücklich darauf hingewiesen, dass ein Beratungsgespräch bei einer fachkundigen Stelle vor der Aufnahme der selbstständigen Tätigkeit, unabdingbar ist. Da sich die gesetzlichen Regelungen häufig ändern bzw. teilweise unterschiedlich gehandhabt werden, ist dies zwingend erforderlich. Insbesondere nach einer längeren Phase der Arbeitslosigkeit verfügt man nicht über entsprechende finanzielle Polster, um die Folgen von aus Unwissenheit begangenen Fehlern abzupuffern. Die Bedingungen unterscheiden sich bei Arbeitslosengeld I und Arbeitslosengeld II.

Im Bezug von Arbeitslosengeld I

Im § 138 SGB III heißt es hierzu: „Eine zeitlich nicht erhebliche Erwerbstä tigkeit von weniger als 15 Stunden wöchentlich schließt die Beschäftigungslosigkeit nicht aus, wobei gelegentliche Abweichungen von geringer Dauer unberücksichtigt bleiben. [...]" (Quelle: Internetpräsenz des Bundesministeriums für Justiz, www.gesetze-im-internet.de/sgb_3/__138.html, zugegriffen am 22.05.2012)

Das bedeutet, dass Sie Ihren Anspruch auf jeden Fall behalten, wenn Sie weniger als 15 Stunden die Woche arbeiten, wobei diese zeitliche Begrenzung inklusive Vor- und Nachbereitungszeiten gemeint ist. Wie das mit den „gelegentlichen Abweichungen von geringer Dauer“ zu verstehen ist, muss eine Beratung bei einer diesbezüglich kompetenten Stelle entschlüsseln.

Das Einkommen aus der selbstständigen Nebentätigkeit wird selbstverständlich auf das Arbeitslosengeld angerechnet. Grundsätzlich haben Sie einen Freibetrag von 165 Euro, den Sie monatlich ohne Abzüge hinzuverdienen dürfen. Liegt Ihr Gewinn über diesem Betrag, wird die Differenz mit dem Arbeitslosengeld verrechnet. An dieser Stelle wird der entsprechende Paragraf aus dem SGB III eingefügt, weil er einige interessante Einzelheiten enthält, die man kennen sollte:

„§ 155 Anrechnung von Nebeneinkommen
(1) Übt die oder der Arbeitslose während einer Zeit, für die ihr oder ihm Arbeitslosengeld zusteht, eine Erwerbstätigkeit im Sinne des § 138 Absatz 3 aus, ist das daraus erzielte Einkommen nach Abzug der Steuern, der Sozialversicherungsbeiträge und der Werbungskosten sowie eines Freibetrags in Höhe von 165 Euro in dem Kalendermonat der Ausübung anzurechnen. Handelt es sich um eine selbständige Tätigkeit, eine Tätigkeit als mithelfende Familienangehörige oder mithelfender Familienangehöriger, sind pauschal 30 Prozent der Betriebseinnahmen als Betriebsausgaben abzusetzen, es sei denn, die oder der Arbeitslose weist höhere Betriebsausgaben nach.
(2) Hat die oder der Arbeitslose in den letzten 18 Monaten vor der Entstehung des Anspruchs neben einem Versicherungspflichtverhältnis eine Erwerbstätigkeit (§ 138 Absatz 3) mindestens zwölf Monate lang ausgeübt, so bleibt das Einkommen bis zu dem Betrag anrechnungsfrei, der in den letzten zwölf Monaten vor der Entstehung des Anspruchs aus einer Erwerbstätigkeit (§ 138 Absatz 3) durchschnittlich auf den Monat entfällt, mindestens jedoch ein Betrag in Höhe des Freibetrags, der sich nach Absatz 1 ergeben würde.
(3) [...]“ (Quelle: Internetpräsenz des Bundesministeriums für Justiz, www.gesetze-im-internet.de/sgb_3/__155.html, zugegriffen am 22.05.2012)

Das Einkommen wird also nach Abzug der Steuern, der Sozialversicherungsbeiträge und der Werbungskosten sowie eines Freibetrags in Höhe von 165 Euro im Kalendermonat der Ausübung angerechnet, wobei bei einer selbstständigen Tätigkeit 30 Prozent der Betriebseinnahmen pauschal als Betriebsausgaben abgesetzt werden können, falls nicht höhere Betriebsausgaben nachgewiesen werden können. Welche betrieblichen Ausgaben und sonstigen Beträge Sie von Ihren Betriebseinnahmen abziehen dürfen, lassen Sie sich bitte bei Ihrer Arbeitsagentur erläutern, da dies anders gehandhabt wird als bei der Einnahmen-Überschuss-Rechnung, die man dem Finanzamt vorlegt.

Sehr interessant ist in diesem Kontext auch die Ausnahmeregelung für Personen, die in den letzten 18 Monaten vor der Entstehung des Arbeitslosengeldanspruchs bereits eine Nebentätigkeit ausgeübt haben. Dies gilt auch, wenn die Nebenbeschäftigung auf selbstständiger Basis verrichtet wurde. Falls Sie also nebenberuflich bereits eine selbstständige Tätigkeit ausgeführt haben und dann arbeitslos wurden, können Sie diese neben der Arbeitslosigkeit weiter ausüben und sogar mehr der daraus erzielten Einnahmen behalten. Das steigert natürlich die Motivation, ermöglicht aber auch unter Umständen einen hauptberuflichen Ausbau der Selbstständigkeit, weil man mehr Geld für eventuell nötige Investitionen zur Verfügung hat.

Exkurs: Unterbrechung des Leistungsbezuges.

Sofern man Phasen hat, in denen man 15 Stunden die Woche oder mehr für die selbstständige Tätigkeit aufwendet, kann man sich vorübergehend bei der Arbeitsagentur abmelden. Wie das mit „gelegentliche Abweichungen von geringer Dauer bleiben unberücksichtigt" gehandhabt werden muss, sollten Sie natürlich zuerst klären.

Ein großer Vorteil dieser zeitweiligen Abmeldung bei der Agentur für Arbeit ist, dass man die in dem Zeitraum erwirtschafteten Einnahmen behalten kann, weil dann keine Leistungen bezogen werden. Allerdings ist man auch nicht über die Arbeitsagentur kranken- und rentenversichert, deswegen müssen Sie das unbedingt im Vorfeld mit Ihrer Krankenkasse klären und für Ihre diesbezügliche Absicherung sorgen.

Nach Abschluss des entsprechenden Auftrages bzw. der Aufträge können Sie dann wieder in den Arbeitslosengeldbezug und in die damit verbundene Kranken- und Rentenversicherung über die Agentur für Arbeit zurückkehren, falls Sie noch einen Anspruch auf Arbeitslosengeld haben. Im Merkblatt für Arbeitslose, das durch die Bundesagentur für Arbeit herausgegeben wird, habe ich folgenden Passus gefunden, der die konkrete Handhabung genauer beschreibt:

„Unterbrechung der Arbeitslosigkeit von **höchstens 6 Wochen:**
Wird Ihre Arbeitslosigkeit oder Ihr Leistungsbezug planmäßig für einen Zeitraum von bis zu 6 Wochen unterbrochen, weil Sie z. B. Ihrer Agentur für Arbeit nicht zur Verfügung stehen, bekommen Sie die Leistung nach der Unterbrechung ohne erneute persönliche Arbeitslosmeldung und Antragstellung weitergezahlt.
Das Gleiche gilt, wenn Sie eine Beschäftigung von mindestens 15 Stunden wöchentlich oder eine Tätigkeit als Selbstständiger oder als mithelfender Familienangehöriger in entsprechendem Umfang aufnehmen.
Voraussetzung ist, dass Sie Ihrer Agentur für Arbeit die Arbeitsaufnahme und die Dauer der Beschäftigung **unverzüglich mitgeteilt** haben.
Unterbrechung der Arbeitslosigkeit von **mehr als 6 Wochen:**
War Ihre Arbeitslosigkeit mehr als 6 Wochen unterbrochen, kann Ihnen die Leistung erst nach **erneuter persönlicher Arbeitslosmeldung** weitergezahlt werden.“ (Quelle: Merkblatt für Arbeitslose 1 – Ihre Rechte, Ihre Pflichten, S. 17, www.arbeitsagentur.de, zugegriffen am 23.05.2012).

Die Quintessenz daraus ist, dass man bis zu einer Dauer von bis zu 6 Wochen recht unkompliziert eine Zwischenbeschäftigung ausüben, sprich die Arbeitslosigkeit unterbrechen kann, sofern man das die Agentur für Arbeit vorher informiert und sich um den Krankenversicherungsschutz kümmert. Sobald die Unterbrechung länger als 6 Wochen dauert, muss man sich hingegen erneut persönlich arbeitslos melden.

Erhalten Sie während des Ruhens der Leistung größere Folgeaufträge und es ist absehbar, dass Sie deswegen einstweilen keinen Anspruch mehr auf Arbeitslosengeld haben werden, müssen Sie die Agentur für Arbeit umgehend darüber informieren und sich um Ihre Sozialversicherung, die Ummeldung des Gewerbes in Haupterwerb etc. kümmern.

Im Bezug von Arbeitslosengeld II

Beziehen Sie Arbeitslosengeld II, müssen Sie bei Aufnahme einer Nebentätigkeit auf selbstständiger Basis einen Vordruck (Anlage EKS) mit einer Selbsteinschätzung einreichen. Es gilt ein Grundfreibetrag von 100 Euro im Monat, höhere Einkünfte werden angerechnet. Was als Einnahmen und Ausgaben definiert wird, sprich wie die Einkünfte sich errechnen, lassen Sie sich unbedingt vorher genau erklären. Das ist nämlich anders geregelt als beim Finanzamt und teilweise auch Ermessensentscheidung des Fallmanagers/der Fallmanagerin. Größere Ausgaben müssen Sie sich auf jeden Fall vorher genehmigen lassen, damit sie anerkannt werden.

Der fiktiven Berechnung wird der Bewilligungszeitraum von 6 Monaten zugrunde gelegt. Nach Ablauf dieses Zeitraums wird überprüft, wie hoch die Einnahmen wirklich waren. Sollte Ihr Gewinn dann niedriger ausgefallen sein als die Schätzung, erhalten Sie eine Nachzahlung. Haben Sie hingegen mehr verdient, müssen Sie eine Rückzahlung leisten. In der nächsten Selbsteinschätzung müssen Sie Ihre Angaben dementsprechend anpassen. In den Link-Tipps erfahren Sie, wo Sie sich die beiden Vordrucke ansehen können bzw. diese schon gleich ausfüllen können.

Ab welchem Einkommen Sie aus dem Leistungsbezug herausfallen, hängt von verschiedenen Faktoren ab. Das sollten Sie deswegen auch gleich bei Aufnahme der selbstständigen Nebentätigkeit abklären, um zu vermeiden, dass Sie plötzlich all Ihre Ausgaben, inklusive Sozialversicherung, selbst tragen müssen, ohne dass Sie sich dessen vorher bewusst waren. Es ist bestimmt Ihr Ziel und absolut erstrebenswert selbst für sich zu sorgen, aber das ist wesentlich einfacher zu bewerkstelligen, wenn Sie sich vorher darüber im Klaren sind, ab wann das ansteht. Aus diesem Grund sollten Sie sich auch immer Ihrer aktuellen Einnahmesituation bewusst sein.

- **Tipp: Aufstockend ALG II.**

  Sind Sie dann hauptberuflich selbstständig sind und Ihre Einnahmen gehen zurück, können Sie unter Umständen wieder aufstockend ALG II beantragen, ohne Ihr Gewerbe abmelden zu müssen.

Im Zuerwerb selbstständig

Auch in Lebensphasen, in denen man nicht vordergründig im Erwerbsleben steht, muss oder möchte man sich oft gern noch etwas hinzuverdienen. Hier kann eine selbstständige Tätigkeit unter Umständen die bessere oder einzige Alternative sein.

Als haushaltsführende Person

Viele Frauen gründen ein Kleinstunternehmen, um neben der Versorgung der Familie etwas dazu zu verdienen, und zwar so, dass es sich gut mit den familiären Gegebenheiten verbinden lässt. Ein Schreibbüro bietet sich natürlich besonders für die Frauen an, die über Berufserfahrung als Rechtsanwalts- und Notariatsgehilfin, Sekretärin, Schreibkraft etc. verfügen.

Verheiratete Personen können im Zuerwerb eine selbstständige Tätigkeit aufnehmen und trotzdem unter gewissen Umständen ohne Zusatzkosten in der Krankenkasse des Ehepartners mitversichert bleiben, sofern es sich um eine gesetzliche Krankenversicherung handelt. Damit das möglich ist, muss die wöchentliche Arbeitszeit unter 20 Stunden und das monatliche Gesamteinkommen unter 375 Euro liegen. Bei dem Betrag handelt es sich um Ihren Gewinn und nicht um Ihren Umsatz, dieser kann entsprechend höher sein. Allerdings zählen zu diesem Gesamteinkommen sämtliche Einnahmen, nicht nur die aus der selbstständigen Tätigkeit. Haben Sie also noch weitere Einnahmen, müssen Sie diese berücksichtigen. Außerdem dürfen keine Arbeitnehmer beschäftigt werden. Es muss sich ferner um Zu- oder Nebenerwerb handeln, bei einer hauptberuflichen Selbstständigkeit ist die Familienmitversicherung nicht möglich. Zudem gibt es Berufsgruppen, für die eine Pflichtversicherung besteht, bei denen das dann auch nicht geht.

Erkundigen Sie sich bei Ihrer Krankenkasse, bevor Sie die selbstständige Tätigkeit aufnehmen. Sobald Sie sich selbst versichern müssen, entstehen Ihnen recht hohe Kosten. Unter diesem Gesichtspunkt kann es manchmal finanziell günstiger sein Aufträge abzulehnen, als sie zu übernehmen.

Während des Bezuges von Elterngeld muss die zuständige Stelle über die Aufnahme der selbständigen Tätigkeit informiert werden. Arbeiten ist während der Bezugsdauer sowieso nur bis zu durchschnittlich 30 Stunden je Woche erlaubt. Der erzielte Gewinn kann den Erziehungsgeldanspruch verringern oder sogar ausschließen, deswegen gilt auch hier, dass Sie sich unbedingt vorher bei der zuständigen Stelle informieren müssen. Im Zweifelsfall kann es günstiger sein, die gewerbliche Tätigkeit erst nach Ablauf des Elterngeldbezuges aufzunehmen. In den Link-Tipps erhalten Sie einige Hinweise auf Webseiten, wo Sie sich über das Thema Elterngeld und Selbstständigkeit schlau machen können.

Im Studium

Es gibt Studierende, die statt eines angestellten Jobs lieber selbstständig arbeiten, weil sie sich so die Arbeitszeiten freier einteilen können. Hier kommt ein Schreibbüro insbesondere für diejenigen Personen in Frage, die nach einer entsprechenden Ausbildung oder Berufstätigkeit noch ein Studium aufnehmen. Es macht Sinn, die Grenzen zu beachten, ab denen man nicht mehr in Familienkrankenversicherung mitversichert werden kann oder den Anspruch auf das BAföG verliert.

Beitragsfrei bei den Eltern mitversichert werden können Studierende in der Regel bis zur Vollendung des 25. Lebensjahres, sofern wenigstens ein Elternteil in einer gesetzlichen Krankenkasse versichert ist. Früher verlängerte sich die Bezugsdauer, falls man Wehr- oder Zivildienst bzw. ein Freiwilliges Soziales Jahr (FSJ) absolviert hat. Da Wehr- und Zivildienst mittlerweile abgeschafft wurden, aber dafür der Bundesfreiwilligendienst (BFD) eingeführt würde, verlängert sich die Möglichkeit der kostenfreien Familienmitversicherung nun für den Zeitraum der Dauer des BFD oder FSJ über das 25. Lebensjahr hinaus.

Die Einkommensgrenze liegt bei 375 Euro pro Monat, außer man übt einen 400-Euro-Job aus. (vgl. www.bafoeg-aktuell.de). Das heißt, beim selbstständigen Zuerwerb darf der monatliche Gewinn nicht über 375 Euro betragen.

In den Semesterferien darf man mehr verdienen, sofern die Einkommensgrenze nicht länger als zwei Monate innerhalb eines Jahres überschritten wird. Was von der Krankenkasse alles als Einkommen angesehen wird, erfahren Sie am zuverlässigsten bei Ihrer eigenen Krankenkasse bzw. der Ihrer Eltern.

Sobald Sie sozialversicherungspflichtige Arbeitnehmer beschäftigen, wird sowieso von einer hauptberuflichen Selbstständigkeit ausgegangen und die kostenlose Familienmitversicherung bei den Eltern ist nicht mehr möglich.

Private Krankenkassen ermöglichen überhaupt keine kostenlose Familienmitversicherung. Bei den privaten Krankenkassen sind die Konditionen so unterschiedlich, dass man sich vor Ort über die Tarife und die genauen Bedingungen erkundigen muss.

Die Einkommensgrenzen beim Kindergeld wurden zum 01.01.2012 abgeschafft. „ Kinder unter 25 Jahren, die sich in einer ersten Berufsausbildung oder in einem Erststudium befinden, werden ab 2012 ohne weitere Voraussetzungen stets als Kind berücksichtigt. Bei einer zweiten Ausbildung fallen Kindergeld bzw. Kinderfreibeträge nur weg, wenn das Kind neben der Ausbildung noch eine Erwerbstätigkeit von über 20 Wochenstunden ausübt. [...] Zudem erhalten sie künftig noch Kindergeld für Kinder in bezahlten Ausbildungsgängen (z.B. Azubis im dritten Lehrjahr) oder für Kinder, die während ihres Studiums Ferien- oder Nebenjobs annehmen [...]." (Quelle: www.treffpunkteltern.de/article.php?sid=1173)

Beim BAföG bleiben die Einkünfte anrechnungsfrei, sofern monatlich im Durchschnitt nicht mehr als 406 Euro (konkret: 406,67 Euro) verdient werden, was einem Jahresverdienst von 4.4480 Euro entspricht. Da die Berechnung der zu berücksichtigenden Einnahmen kompliziert ist und man außerdem noch diverse Dinge vom Gewinn abziehen darf, ist es ratsam die Details vor Ort beim BAföG-Amt oder einer anderen kompetenten Stelle abzuklären.

Im Rentenbezug

Rentner und Rentnerinnen üben heute oft bis ins hohe Alter noch Erwerbstätigkeiten bzw. Nebenbeschäftigungen aus. Gerade Frauen, die über Jahrzehnte Schreibarbeiten in diversen Kontexten ausgeführt haben, können sich mit Schreibarbeiten noch gut von zuhause aus etwas dazu verdienen, sofern sie gesundheitlich dazu in der Lage sind.

Hat man das Renteneintrittsalter erreicht, darf man nach meiner Recherche üblicherweise unbegrenzt zur Altersrente dazu verdienen, ohne Einbußen hinnehmen zu müssen. Seit 2012 wird die Regelaltersgrenze schrittweise von 65 auf 67 angehoben, und zwar für Leute, die nach dem 31. Dezember 1946 geboren wurden. Dies hat natürlich auch Konsequenzen für die Bedingungen bezüglich eines Zuverdienstes. (vgl. www.sentiso.de/informationen/25-hinzuverdienst-rentner)

Bei allen anderen Rentenarten (vorzeitiger Altersrente, Rente wegen teilweiser Erwerbsminderung, Rente wegen voller Erwerbsminderung, Rente wegen Erwerbsunfähigkeit, Rente wegen Berufsunfähigkeit, Altersteilzeit etc.), wirkt sich ein zusätzliches Einkommen in der Regel rentenmindernd aus. Maßgebliches Einkommen ist bei einer selbstständigen Tätigkeit stets der ermittelte Gewinn. Bestimmte Sozialleistungen können die Rentenhöhe zudem mindern. Mittlerweile sind Renten teilweise zu versteuern, so dass man auch auf diese Freibeträge achten sollte. Außerdem gelten teilweise in den alten und neuen Bundesländern andere Grenzwerte für die Anrechnung von Zuverdiensten.

Wegen der Komplexität des Themas verzichte ich an dieser Stelle darauf, das alles im Detail auszuführen. Es bleibt Ihnen sowieso nicht erspart, sich vor Aufnahme der selbstständigen Nebentätigkeit umfassend persönlich bei Ihrem Rentenversicherungsträger beraten zu lassen, damit Ihnen keine Nachteile entstehen. In den Link-Tipps werden einige hilfreiche Links aufgelistet, wo Sie in der Phase der Entscheidungsfindung noch genauer recherchieren können.

Als Pflegeperson

Bei einem selbstständigen Zuverdienst neben der nicht erwerbsmäßigen Pflege einer Person muss es sich nicht zwangsläufig um Zuerwerb handeln, da die Pflegeperson noch eine Erwerbstätigkeit ausüben kann, aber im konkreten Einzelfall wird es öfter eine Zuerwerbs-Situation sein, da Pflege häufig von haushaltsführenden Personen übernommen wird. Hier schien es mir auf jeden Fall am besten zu passen und kurz erwähnen wollte ich das, weil es auch einige Leserinnen betreffen wird.

Sofern Sie mindestens 14 Stunden die Woche einen Angehörigen oder eine andere Person nicht erwerbsmäßig pflegen, zahlt die Pflegekasse für Sie als Pflegeperson Rentenbeiträge. Außerdem sind Sie gesetzlich unfallversichert. In solch einer Situation bietet sich die Arbeit im Home-Office natürlich an. Allerdings dürfen Sie neben der Pflege nur bis zu 30 Stunden die Woche erwerbsmäßig tätig sein. Hierbei werden Vor- und Nachbereitungszeiten auch berücksichtigt.

Sie haben zwar kein Angestelltenverhältnis zur gepflegten Person, müssen das aber nicht zwingend unentgeltlich machen, sondern dürfen Pflegegeld dafür erhalten. Um Ihre Krankenversicherung müssen Sie sich allerdings selbst kümmern. Diese Konstellation wird meiner Einschätzung nach vorwiegend Frauen betreffen, die unter Umständen dann auch verheiratet sind und beim Ehemann mitversichert sein können. Oder Sie arbeiten Teilzeit, sind darüber in der Krankenkasse und übernehmen noch in geringem Umfang Schreibarbeiten auf selbstständiger Basis.

Falls Sie bis zu 30 Stunden die Woche Aufträge abarbeiten und dazu noch Pflegegeld erhalten, müsste es auch für die eigene Absicherung in der Krankenkasse reichen. Wie ich später noch erläutern werde, gibt es für Selbstständige mit geringem Einkommen die Möglichkeit sich zu einem niedrigeren Beitragssatz zu versichern. In den Link-Tipps finden Sie weiterführende Informationen zum Thema Pflegeperson.

Ämter und Behörden

Die Gewerbeanmeldung / Gewerbeamt

Der formale Akt, mit dem man ein Schreibbüro gründet, besteht aus einem erstaunlich kleinen Schritt, man muss nur ein einseitiges Formular namens Gewerbeanmeldung ausfüllen. Die Kosten für die Gewerbeanmeldung liegen je nach Bundesland zwischen 15 und 65 Euro. Sie können sich das Formular üblicherweise im Internet herunterladen. Geben Sie einfach den Namen Ihres Wohnortes und den Begriff „Gewerbeanmeldung" in eine Suchmaschine ein und sehen Sie, ob Sie fündig werden. Eine Ausfüllhilfe für die Gewerbeanmeldung, auf die Sie zurückgreifen können, wenn Sie soweit sind, wurde auf den nächsten Seiten eingefügt.

Für Ihre Gewerbeanmeldung gilt es nicht nur den richtigen Zeitpunkt zu wählen, Sie müssen außerdem die wichtigsten Entscheidungen für das Unternehmen (Rechtsform, Geschäftsbezeichnung, Gründung im Haupt- oder Nebenerwerb etc.), die ich aus diesem Grund bereits abhandelte, getroffen haben. Bedenken Sie zudem, dass Sie eventuelle Darlehen oder Zuschüsse in der Regel vor der Anmeldung des Gewerbes beantragen müssen.

Sie können Ihr Gewerbe schon einige Zeit vorher oder erst am Tag der Aufnahme der Tätigkeit anmelden. Zu diesem Termin müssen Sie Ihren Personalausweis mitnehmen. Falls Sie das Gewerbe kurzfristig anmelden, wird Ihnen gleich eine Ausfertigung der Gewerbeanmeldung ausgehändigt. Wenn Sie die Anmeldung schon längere Zeit vor der Gründung erledigen, wird Ihnen Ihre Ausfertigung zum Zeitpunkt der Aufnahme des Gewerbes zugeschickt. Nach der Gewerbeanmeldung benachrichtigt das Gewerbeamt das Finanzamt, die Industrie- und Handelskammer und die Berufsgenossenschaft.

- **Tipp: Verspätete Gewerbeanmeldung.**

  Eine verspätete Gewerbeanmeldung gilt als Ordnungswidrigkeit und kann mit einer Geldstrafe belegt werden.

Ausfüllhilfe zur Gewerbeanmeldung (GewA 1)

Diese Angaben beziehen sich auf eine selbstständige Tätigkeit mit einem Schreibbüro im Home-Office, bei Neugründung, im Haupterwerb und mit der Rechtsform des Einzelunternehmens. Das Formular ist jenes, welches in Bremen dafür genutzt wird. Es handelt sich um die neueste Version davon (2012). Die geringfügigen Änderungen des Formulars seit der letzten Ausgabe des Buches habe ich berücksichtigt. Im ersten Teil werden Angaben zur Person abgefragt, dann folgen Angaben zum Betrieb.

Falls Sie im Nebenerwerb gründen, ein externes Büro anmieten oder ein anderes Formular haben, müssen Sie Ihre Angaben natürlich an die Situation anpassen. Sollten Sie sich bei einem der Punkte unsicher sein, können Sie das vor Ort auf dem Gewerbeamt klären. Dort werden die Daten sowieso in den Computer eingegeben und können dabei noch abgeändert werden.

Erläuterungen zum Formular:

1) Im Handels-, Genossenschafts- oder Vereinsregister eingetragener Name mit Rechtsform (ggf. bei GbR: Angabe der weiteren Gesellschafter):
Dieses Feld bleibt frei, da Sie nirgends eingetragen sind.

2) Ort und Nr. des Registereintrages:
Aus dem gleichen Grund bleibt auch dieses Feld frei.

3 und 4) Name, Vorname:
Tragen Sie Ihren Namen ein.

4a) Kreuzen Sie Ihr Geschlecht an.

5) Geburtsname:
Je nachdem entweder eintragen oder frei lassen.

6) Geburtsdatum:
Tragen Sie Ihr Geburtsdatum ein.

7) Geburtsort und –land:
Machen Sie die entsprechenden Angaben.

8) Staatsangehörigkeit(en):
Entweder Sie kreuzen „deutsch“ an oder tragen eine andere Staatsangehörigkeit ein.

9) Anschrift der Wohnung (Straße, Haus-Nr., PLZ, Ort) freiwillig E-Mail/Web, Telefon- und Fax-Nummer:
Machen Sie die entsprechenden Angaben, wobei die Mail- und die Internet-Adresse optional sind.

10 und 11) Zahl der geschäftsführenden Gesellschafter und vertretungsberechtigte Person:
Das betrifft Sie nicht, also bleiben auch diese Felder frei.

12) Betriebsstätte:
Siehe 9, falls Sie nicht zuhause arbeiten Anschrift des Büros eintragen. Hier auch Telefon-, Faxnummer, E-Mail und Internetadresse angeben (sofern schon vorhanden).

13) Hauptniederlassung (falls Betriebsstätte lediglich Zweigstelle ist):
Dieses Feld lassen Sie auch frei.

14) Früheren Betriebsstätte:
Dieses Feld wäre nur auszufüllen, wenn Sie das Gewerbe nach einem Umzug ummelden würden, ansonsten bleibt es frei.

15) Angemeldete Tätigkeit:
Geben Sie an, welches Gewerbe Sie ausüben. Das Tätigkeitsfeld sollte dabei möglichst nicht zu eng gefasst sein, um zu verhindern, dass Sie gleich eine gebührenpflichtige "Gewerbe-Ummeldung" machen müssen, wenn Sie Ihre Tätigkeit ausdehnen.

16) Wird die Tätigkeit (vorerst) im Nebenerwerb betrieben?
An dieser Stelle müssen Sie ankreuzen, ob Sie das Gewerbe im Haupt- oder Nebenerwerb betreiben.

17) Datum des Beginns der angemeldeten Tätigkeit:
Hier tragen Sie das Datum ein, an dem Sie die Tätigkeit aufnehmen. Achten Sie dabei darauf, dass dieses Datum nicht in der Vergangenheit liegen darf. Weiter oben erwähnte ich bereits, dass eine verspätete Gewerbeanmeldung als Ordnungswidrigkeit gilt.

18) Art des angemeldeten Betriebs:
Dort setzen Sie das Kreuz bei "Sonstiges".

19) Zahl der bei Geschäftsaufnahme tätigen Personen ohne Inhaber: An dieser Stelle kreuzen Sie „Keine" an, da ich davon ausgehe, dass Sie zu Beginn keine Angestellten haben werden. Falls Sie doch gleich mit Angestellten starten, machen Sie die entsprechenden Angaben.

20 bis 22) Die Anmeldung wird erstattet für:
Kreuzen Sie hier „Eine Hauptniederlassung" an und lassen Sie die anderen Felder frei.

23 bis 24) Hier setzen Sie das Kreuz bei "Neugründung" und lassen die anderen Felder frei.

25) Ein Punkt mit der Nummer 25 existiert auf dem Formular nicht.

26) Name des früheren Gewerbetreibenden oder früherer Firmenname: Dieses Feld bleibt frei, da Sie neu gründen, das wäre nur bei Firmenübernahme relevant.

27) Ein Punkt mit der Nummer 27 existiert auf dem Formular nicht.

28) Liegt eine Erlaubnis vor?
Hier kreuzen Sie „Nein“ an, Schreibarbeiten gehören nicht zu erlaubnispflichtigen Tätigkeiten.

29) Liegt eine Handwerksstätte vor?
Dieses Feld können Sie frei lassen, da Sie kein Handwerksbetrieb sind.

30 bis 31) Aufenthaltsgenehmigung:
Diese beiden Felder sind nur Personen relevant, die eine Aufenthaltsgenehmigung haben bzw. benötigen. Falls Sie zu dieser Personengruppe gehören, machen Sie hier die entsprechenden Angaben zu Ihrer Aufenthaltsgenehmigung.

32) Datum:
Hier das Datum des Tages eintragen, an dem Sie die Gewerbeanmeldung unterzeichnen. Achten Sie darauf, dass dieses Datum nicht nach dem Tag der Aufnahme der Tätigkeit liegt.

33) Die Unterschrift:
Vergessen Sie nicht Ihre Unterschrift.

Der Fragebogen zur steuerlichen Erfassung / Finanzamt

Das Finanzamt wird Ihnen einige Wochen nach der Gewerbeanmeldung den „Fragebogen zur steuerlichen Erfassung eines Gewerbebetriebes oder einer selbständigen Tätigkeit“ zusenden. Besonders wichtig in diesem Formular sind die Angaben zur Festsetzung der Vorauszahlungen (Einkommenssteuer, Gewerbesteuer) und der geschätzte Gesamtumsatz. Anhand der von Ihnen hier eingetragenen Zahlen wird das Finanzamt eventuelle Steuervorauszahlungen ansetzen und entscheiden, ob Sie die Kleinunternehmerreglung in Anspruch nehmen können oder nicht.

Die Schätzung der Einkünfte ist ferner nicht nur für das Finanzamt relevant, sondern auch für die Festsetzung der Krankenkassenbeiträge, falls Sie sich freiwillig in einer gesetzlichen Krankenkasse versichern. Um Liquiditätsprobleme durch hohe Steuervorauszahlungen und Krankenkassenbeiträge zu vermeiden, ist es empfehlenswert in diesen Spalten eher niedrige Summen einzutragen.

Da Sie mit diesem Formular auch Ihre Steuernummer beantragen, welche Sie benötigen, um Rechnungen schreiben zu können, macht es Sinn das Formular zeitnah zur Gewerbeanmeldung beim Finanzamt einzureichen. Sie können es sich beim Finanzamt besorgen oder online abrufen. In den Link-Tipps erhalten Sie einen Hinweis, wo Sie das Formular mit integrierter Ausfüllhilfe abrufen können. Kopieren Sie sich das ausgefüllte Formular unbedingt bevor Sie es abgeben bzw. drucken Sie es sich aus, damit Sie später prüfen können, welche Angaben Sie im Detail gemacht haben.

Zwar war vor längerer Zeit in der Diskussion, dass ab 2011 der Papier-Fragebogen für neu gegründete Unternehmen entfallen soll und die Finanzämter dann bei Aufnahme der Tätigkeit auf elektronischem Weg informiert werden sollen. Dies wurde aber noch nicht umgesetzt bzw. hat sich unter Umständen ganz erledigt. Was Sie unbedingt beim Ausfüllen beachten müssen, erfahren Sie gleich im Anschluss. Auf die Kleinunternehmer-Regelung und die Ist-Besteuerung, wozu Sie im Formular auch Angaben machen müssen, wird im Kapitel über Steuern noch ausführlich eingegangen.

Tipps zum Ausfüllen des Formulars zur steuerlichen Erfassung

Die meisten Punkte sind selbsterklärend. Hier möchte ich mich nur auf die wichtigsten Aspekte konzentrieren. Sollten Sie beim Ausfüllen des Formulars an irgendeiner Stelle unsicher sein, können Sie zu einer Existenzgründungsberatungsstelle gehen. Besonders in den Städten existieren in diesem Bereich kostenlose Beratungsangebote. Falls Sie das ausgefüllte Formular persönlich beim Finanzamt abgeben, können Sie auch dort noch letzte Fragen klären.

Bei Punkt 2.4. Kammerzugehörigkeit „Ja" ankreuzen, da Sie dort Pflichtmitglied werden (siehe unter IHK).
Das war mir zum Beispiel im Vorfeld der Gründung nicht bewusst, deswegen erwähne ich es.

Bei Punkt 2.5. Handelsregistereintragung kreuzen Sie „Nein" an, es sei denn Sie möchten sich dort freiwillig eintragen lassen.

Punkt 3. Angaben zur Festsetzung der Vorauszahlungen
(Einkommenssteuer, Gewerbesteuer)
Punkt 3.1. Voraussichtliche Einkünfte:
Wie ich schon weiter oben erwähnte, ist es von großer Bedeutung, was Sie hier angeben. In der Spalte „Gewerbebetrieb" tragen Sie die von Ihnen voraussichtlich erzielten Einkünfte ein. Damit ist der Gewinn bzw. der Verlust gemeint, also Betriebseinnahmen minus Betriebsausgaben. Eine Schätzung abzugeben ist natürlich ganz ohne Erfahrung schwierig. Damit Sie nicht gleich hohe Steuervorauszahlungen leisten müssen, sollten Sie die Summe eher niedrig ansetzen. Besonders wenn Sie in Teilzeit gründen, ist es unwahrscheinlich, dass Sie gleich riesige Gewinne einfahren.

Sofern Sie jedoch schon viele Kunden und Aufträge konkret in Aussicht haben, tragen Sie hier einen realistischen Wert ein, um wiederum unnötig hohe Steuernachzahlungen zu vermeiden. Bedenken Sie jedoch auch in dem Fall, dass sogar wenn Sie gleich viele Aufträge haben, Sie Ihre betrieblichen Ausgaben (auch die Gründungskosten) noch abziehen müssen, bevor Sie den Gewinn oder Verlust ermittelt haben. Von daher macht es im ersten Jahr wirklich Sinn hier keine allzu hohe Zahl einzutragen.

Falls Sie überhaupt keine Einkommenssteuervorauszahlungen leisten möchten, muss die Summe auf jeden Fall unter dem Freibetrag von 8.004 Euro liegen. Sofern Sie mitten im Jahr gründen, müssen Sie hier berücksichtigen, dass Sie den Wert prozentual entsprechend niedriger ansetzen.

Punkt 3.2. Voraussichtliche Höhe der Sonderausgaben und außergewöhnlichen Belastungen/Steuerabzugsbeträge:
Tragen Sie einen Betrag ein, der Ihren persönlichen Verhältnissen entspricht. Damit sind übrigens nicht die Betriebsausgaben gemeint, sondern die privaten, steuerlich absetzbaren Sonderausgaben und Belastungen. Falls Sie nicht genau wissen, was damit gemeint ist, recherchieren Sie im Internet, was da alles drunter fällt.

Punkt 4 Angaben zur Gewinnermittlung, Gewinnermittlungsart
Hier kreuzen Sie „Einnahmen-Überschuss-Rechnung" an.
Bei der Frage, ob ein vom Kalenderjahr abweichendes Wirtschaftsjahr vorliegt, die entsprechenden Angaben machen, vermutlich also „Nein".

Punkt 6 bezieht sich auf die Angaben zur Anmeldung und Abführung der Lohnsteuer. Ohne Angestellte müssen Sie hier bei „Zahl der Arbeitnehmer" einfach „Null" eintragen und den Rest freilassen.

Punkt 7.1. Gesamtumsatz (geschätzt) im Jahr der Betriebseröffnung/im Folgejahr:
Sehr wichtig ist außerdem die Schätzung des Gesamtumsatzes für das Jahr der Betriebseröffnung und für das Folgejahr. Anhand dieser Schätzung wird dann entschieden, ob man die Kleinunternehmerregelung in Anspruch nehmen kann. Wie im Kapitel über Steuern ausgeführt wird, haben Sie diese Möglichkeit, wenn Sie im Gründungsjahr mit dem Umsatz unter 17.500 Euro bleiben. Entscheiden Sie sich für die Kleinunternehmerregelung, muss dieser Schätzwert für das Jahr der Betriebseröffnung unbedingt unter 17.500 Euro und für das Folgejahr unter 50.000 Euro liegen. Vermutlich wird Ihr Umsatz im ersten Jahr sowieso darunter liegen. Falls Sie dann wider Erwarten einen höheren Umsatz erzielen, ist das auch kein Beinbruch. Dazu mehr im Kapitel über Steuern.

Punkt 7.2. Kleinunternehmer-Reglung:
Hier kreuzen Sie an, dass der Gesamtumsatz für das Gründungsjahr die Grenze von 17.500 Euro voraussichtlich nicht überschreiten wird und dass Sie die Kleinunternehmer-Regelung in Anspruch nehmen.
Hier informiert das Formular darüber, dass man dann auf Rechnungen keine Umsatzsteuer ausweise und keine Vorsteuer geltend machen kann.

Sofern Sie sich gegen die Kleinunternehmer-Reglung entschieden haben, kreuzen Sie an, dass Sie auf die Anwendung verzichten.
An der Stelle des Formulars wird darauf hingewiesen, dass Sie an diese Entscheidung für mindestens fünf Kalenderjahre gebunden sind und monatlich Umsatzsteuer–Voranmeldungen abgeben müssen.

Punkt 7.3. Soll/Istversteuerung der Entgelte.
Ich berechne die Umsatzsteuer nach:
Hier kreuzen Sie an, „vereinnahmten Entgelten. Ich beantrage hiermit die Istversteuerung. Was das bedeutet, können Sie auch im Kapitel über Steuern erfahren.

Punkt 7.4.bezieht sich auf eine Dauerfristverlängerung für die Abgabe der Umsatzsteuererklärung. Sofern Sie sich entschieden das Kleinunternehmerprivileg in Anspruch nehmen, können Sie den Punkt ignorieren, da Sie ja keine Umsatzsteuererklärung abgeben müssen. Sofern Sie doch Umsatzsteuererklärungen abgeben, müssen Sie das nur ankreuzen, falls Sie sich entscheiden dafür eine Dauerfristverlängerung zu beantragen.

Bei Punkt 7.5. Falls Sie Umsatzsteuer auf Ihren Rechnungen ausweisen, sollten Sie eine Umsatzsteuer-Identifikationsnummer beantragen, da Sie diese für grenzüberschreitende Dienstleistungen benötigen. Auch wenn Sie grenzüberschreitende Wareneinkäufe tätigen oder Dienstleistungen in Anspruch nehmen, kann eine Umsatzsteuer-Identifikationsnummer für Sie notwendig sein. Im Zweifelsfall sollten Sie sich bei einer fachkundigen Stelle beraten lassen, ob Sie eine Umsatzsteuer-Identifikationsnummer beantragen sollten oder nicht.

Auch hier am Ende Datum und Unterschrift nicht vergessen.

Die Industrie- und Handelskammer (IHK)

Zwei Monate nach der Gründung erhielt ich ein Schreiben der Handelskammer Bremen, mit welchem einige Angaben zu meinem Gewerbebetrieb abgefragt wurden. Gewerbetreibende sind per Gesetz Pflichtmitglied in der IHK, die Mitgliedschaft beginnt mit der Gewerbeanmeldung und endet mit der Abmeldung des Gewerbes. Für die Mitgliedschaft wird ein Beitrag erhoben, von welchem man unter bestimmten Bedingungen befreit werden kann. Gemäß § 1 des IHK-Gesetzes sind die Aufgaben der IHK: „[...] das Gesamtinteresse der ihnen zugehörigen Gewerbetreibenden ihres Bezirkes wahrzunehmen, für die Förderung der gewerblichen Wirtschaft zu wirken und dabei die wirtschaftlichen Interessen einzelner Gewerbezweige oder Betriebe abwägend und ausgleichend zu berücksichtigen; dabei obliegt es ihnen insbesondere, durch Vorschläge, Gutachten und Berichte die Behörden zu unterstützen und zu beraten sowie für Wahrung von Anstand und Sitte des ehrbaren Kaufmanns zu wirken." (Quelle: Internetpräsenz des Bundesministeriums für Justiz, www.gesetze-im-internet.de, zugegriffen am 25.05.2012)

Generell beitragsbefreit sind Kleinunternehmen, deren Gewinn im Jahr 5.200 Euro nicht übersteigt. Gewerbebetriebe, die nicht im Handelsregister eingetragen sind und deren Gewinn 25.000 Euro im Jahr nicht überschreitet, können in den ersten beiden Jahren von den Beiträgen befreit werden. In den beiden folgenden Betriebsjahren muss man bei einem Gewinn von mehr als 5.200 Euro zwar einen Grundbeitrag bezahlen, bleibt aber von der Zahlung der Umlage befreit. Diese Befreiung ist allerdings nur möglich, falls der Gewinn unter 25.000 Euro liegt. Außerdem darf man in den letzten fünf Wirtschaftsjahren vor der Betriebseröffnung keine Einkünfte aus Land- und Forstwirtschaft, Gewerbebetrieb oder selbstständiger Arbeit erzielt haben und nicht mittelbar oder unmittelbar zu mehr als einem Zehntel an einer Kapitalgesellschaft beteiligt gewesen sein. Später entrichtet man dann einen steuerlich abzugsfähigen Beitrag an die IHK, der sich aus einem festen Grundbetrag und einer gewinnabhängigen Umlage zusammensetzt (vgl. www.ihk-schleswig-holstein.de).

Die Berufsgenossenschaft

„Etwas später" als das Schreiben der Handelskammer, nämlich ca. 1,5 Jahre nach meiner Gewerbeanmeldung, erhielt ich von der Verwaltungs-Berufsgenossenschaft einen zweiseitigen Erfassungsbogen, mit dem die Unternehmensdaten abgefragt wurden. Hierbei geht es der Berufsgenossenschaft vor allem darum, ob man Mitarbeiter/Mitarbeiterinnen beschäftigt. Als Träger der gesetzlichen Unfallversicherung kommt die Berufsgenossenschaft für die Folgen von Arbeitsunfällen und Berufskrankheiten der Beschäftigten auf. Sofern man das Schreibbüro alleine betreibt, besteht keine Versicherungspflicht, man kann sich jedoch freiwillig gegen Arbeitsunfälle und Berufskrankheiten versichern. Die Konditionen sind auf der Website der Verwaltungsberufsgenossenschaft (siehe Link-Tipps) nachzulesen.

Sobald man Personen einstellt, muss man sie bei der Berufsgenossenschaft anmelden, und zwar bereits geringfügig Beschäftigte. Die Arbeitnehmer und Arbeitnehmerinnen müssen keinen Beitrag an die Berufsgenossenschaft zahlen, dies macht nur der Arbeitgeber/die Arbeitgeberin. Die Mitgliedschaft beginnt gemäß meiner Recherche übrigens bereits mit der erstmaligen Beschäftigung von Personen und nicht erst mit deren Anmeldung. Da die Berufsgenossenschaft eine Nachentrichtung der Beiträge verlangen kann, sollte man unbedingt sofort bei der Einstellung an die Anmeldung denken, sonst kann es teuer werden. Die Ansprüche der Berufsgenossenschaft verjähren nämlich erst in vier Jahren nach Ablauf des Kalenderjahres, in dem sie fällig geworden sind. Hat man die Beiträge vorsätzlich vorenthalten, verlängert sich diese Verjährungsfrist sogar auf 30 Jahre (vgl. § 25 SGB IV).

➢ **Tipp: Nutzen Sie die Online-Anmeldung.**

Die Anmeldung bei der Berufsgenossenschaft können Sie bequem online erledigen (siehe Link-Tipps).

Die Steuern

In diesem Kapitel werden die Steuerarten kurz abgehandelt, die für ein Einzelunternehmen von Bedeutung sind. Unabhängig davon, ob Sie im Haupt-, Neben oder Zuerwerb gründen, müssen Sie Ihre Einnahmen und Ausgaben natürlich dokumentieren und beim Finanzamt angeben. Sind Ihre Einkünfte höher als der Grundfreibetrag, werden Steuerzahlungen fällig.

Zudem erfahren Sie, was man unter der Kleinunternehmerregelung und der Soll-/Ist-Besteuerung versteht, damit Sie den Fragebogen zur steuerlichen Erfassung ausfüllen können. Es kann natürlich sein, dass in Ihrer individuellen Situation noch andere Steuern relevant sind. Kompetente Beratung zum Thema Steuern erhalten Sie beim Finanzamt oder bei einem Steuerberater bzw. einer Steuerberaterin Ihrer Wahl.

Die Einkommenssteuer

Die Einkommenssteuer (ESt) ist für Kleingewerbetreibende die wichtigste Steuerart. Die Summe aus allen Einkunftsarten (Land- und Forstwirtschaft, Gewerbebetrieb, freiberuflicher Tätigkeit, Vermietung und Verpachtung, Kapitalvermögen, nichtselbstständiger Arbeit und sonstigen Einkünften) ergibt den Gesamtbetrag der Einkünfte. Von diesem Betrag gehen dann noch Sonderausgaben (Vorsorgeaufwendungen, Kirchensteuer, Spenden, Unterhaltszahlungen.) und außergewöhnliche Belastungen (Aufwendungen für Pflege, Unterhalt) ab. Hieraus resultiert das zu versteuernde Einkommen, welches grob gefasst somit der Gesamtbetrag der Einkünfte abzüglich der Sonderausgaben und der außergewöhnlichen Belastungen ist.

Zu Beginn wird Ihre Einkommenssteuervorauszahlung anhand der Zahlen berechnet, die Sie im Fragebogen zur steuerlichen Erfassung eingetragen haben. Derzeit (2012) beträgt der Grundfreibetrag für Ledige 8.004 Euro und für Ehepaare 16.009 Euro. Ehepaare können wählen, ob sie getrennt oder zusammen veranlagt werden möchten. Der Eingangssteuersatz liegt im Moment bei 14 Prozent und der Spitzensteuersatz bei 42 Prozent. Bei einem Jahreseinkommen über 250.741 Euro bei Ledigen und über 501.462 Euro bei Verheirateten, beträgt der Spitzensteuersatz 45 %.

Die Einkommenssteuer wird quartalsweise als Vorauszahlung ans Finanzamt abgeführt. Die Einkommensteuererklärung muss bis zum 31.05. des Folgejahres beim Finanzamt abgegeben werden. Wird diese Frist überschritten, darf das Finanzamt Verspätungszuschläge einfordern. Ein Antrag auf Fristverlängerung ist oft möglich, sofern es bislang keine Probleme gab. Insbesondere wenn die Einkommenssteuererklärung von einem Steuerberater erstellt wird, ist die Verlängerung der Frist bis zum 31.12. üblich.

Waren Ihre Einkünfte höher als im Vorjahr, müssen Sie eine Nachzahlung leisten und darüber hinaus in Zukunft höhere Vorauszahlungen entrichten. Hatten Sie niedrigere Einkünfte, erhalten Sie unter Umständen eine Rückerstattung und die Höhe der Vorauszahlungen wird abgesenkt. Man kann die Vorauszahlungen per Lastschrift vom Finanzamt abbuchen lassen, was den Vorteil hat, dass man keine Termine übersieht. Selbstverständlich kann man sie auch selbst überweisen. Das Finanzamt kann bei verspäteten Zahlungen allerdings Säumniszuschläge verlangen, so dass man die rechtzeitige Zahlung gewährleisten sollte.

Seit dem Veranlagungszeitrum 2011 besteht für Personen, die Gewinneinkünfte erzielen, die Pflicht zur elektronischen Übermittlung der Einkommenssteuererklärung. Es gibt zwar einige Ausnahmen, aber es ist wahrscheinlich, dass Sie nicht dazu gehören. In den Link-Tipps erfahren Sie, wo Sie alles hierüber nachlesen und auf die entsprechenden Formulare zugreifen können. Übrigens müssen Sie als Gewerbebetrieb auch eine Einkommensteuererklärung abgeben, wenn Sie unter dem Grundfreibetrag liegen und deswegen noch keine Steuern zahlen müssen.

Die Kirchensteuer

Angehörige einer kirchensteuerberechtigten Religionsgemeinde müssen zudem Kirchensteuer (KiSt) zahlen. Diese beträgt je nach Bundesland entweder 8 oder 9 Prozent der Einkommenssteuer und wird an das Finanzamt abgeführt. Die gezahlte Kirchensteuer ist im Jahr der Zahlung als Sonderausgabe absetzbar. Personen mit einem sehr hohen Einkommen, können einen Antrag auf Kappung der Kirchensteuer bei der Kirche stellen.

Die Gewerbesteuer

Einzelunternehmen müssen nur Gewerbesteuer (GewSt) abführen, wenn der Gewinn aus Gewerbebetrieb einen Freibetrag von 24.500 Euro im Jahr übersteigt. Dies wird als Kleinstunternehmen nicht so schnell der Fall sein, erst recht nicht, wenn das Gewerbe im Neben- oder Zuerwerb ausgeübt wird.

Folgende Übersicht verdeutlicht, wie die Gewerbesteuer berechnet wird:
„Gewinn oder Verlust laut Einkommenssteuergesetz
+/- Hinzurechnungen und Kürzungen gem. §§ 8, 9 GewStG
- Verlustvortrag aus früheren Jahren
= Gewerbeertrag (vorläufig)
- Rundungsdifferenz auf volle 100 Euro
- Freibetrag nach § 11 Abs. 1 GewStG
= Gewerbeertrag
x Steuermesszahl
= Steuermessbetrag
x Hebesatz der Stadt oder Gemeinde
= **Gewerbesteuer“**
(Quelle: www.gruenderlexikon.de/gewerbesteuer, zugegriffen am 27.05.2012)

Eine nützliche Information, die ich der Webseite der IHK Frankfurt entnommen habe: „Bei Einzelunternehmen und Personengesellschaften wird die Gewerbesteuer pauschaliert (mit dem 3,8-fachen des Steuermessbetrages) mit der Einkommenssteuer verrechnet. Dies bewirkt, dass die Gewerbesteuer i.d.R. bis zu einem Gewerbesteuerhebesatz von ca. 380 % keine zusätzliche Belastung mehr darstellt.“ (Quelle: www.frankfurt-main.ihk.de/recht/steuerrecht/gewerbe_grund/berechnung/)

Der Abgabetermin für die Gewerbesteuererklärung ist identisch mit dem für die Einkommenssteuererklärung und auch sie muss elektronisch übermittelt werden. Obwohl die Gewerbesteuer an die Gemeinde abgeführt wird, müssen Sie die Gewerbesteuererklärung ans Finanzamt richten. Der Gewerbesteuerbescheid mit den Terminen für die Vorauszahlungen wird Ihnen dann von der Gemeinde zugesandt.

Die Umsatzsteuer

Die Umsatzsteuer (USt) wird auch als Mehrwertsteuer (MwSt) bezeichnet. Es gibt verschiedene Umsatzsteuersätze, zum Beispiel für land- und forstwirtschaftliche Produkte, Bücher, Zeitungen und Zeitschriften. Der allgemeine Umsatzsteuersatz liegt seit dem 01.01.2007 bei 19 %. Die Umsatzsteuer ist für Unternehmen ein durchlaufender Posten, das heißt, sie wird erhoben und an das Finanzamt abgeführt. Zuvor wird die eingenommene Umsatzsteuer mit der ausgegebenen Umsatzsteuer verrechnet. Die von Ihnen bezahlte Umsatzsteuer bezeichnet man als Vorsteuer. Die Vorsteuer wird von der von Ihnen in Rechnung gestellten Umsatzsteuer abgezogen, was man als Vorsteuerabzug bezeichnet. Wenn Sie mehr Umsatzsteuer eingenommen als ausgegeben haben, müssen Sie die Differenz an das Finanzamt überweisen. Haben Sie hingegen mehr Umsatzsteuer bezahlt, als Sie eingenommen haben, wird Ihnen die Differenz vom Finanzamt erstattet.

Bei Neugründungen muss in den ersten zwei Jahre die Umsatzsteuervoranmeldung monatlich erfolgen. Das heißt, Sie berechnen die Summe, reichen das entsprechende Formular beim Finanzamt ein und überweisen spätestens bis zum 10. des Folgemonats den Betrag ans Finanzamt. Beträgt die Jahresumsatzsteuer nach den ersten beiden Jahren weniger als 7.500 Euro, müssen Sie die Umsatzsteuer nur noch vierteljährlich anmelden. Ist der Betrag niedriger als 1.000 Euro, muss man keine Umsatzsteuervoranmeldungen machen, sondern nur die jährliche Umsatzsteuererklärung.

Wird die Umsatzsteuer nicht zum fälligen Zeitpunkt entrichtet, ist das eine Ordnungswidrigkeit, die mit Geldbuße geahndet werden kann. Es besteht auch die Möglichkeit eine Dauerfristverlängerung zu beantragen, was zur Folge hat, dass man die Umsatzsteuervoranmeldungen einen Monat später abgeben und die Summe entsprechend später überweisen muss. So hat man etwas mehr Zeit für die Formalitäten, muss aber darauf achten, dass man den Überblick behält, welche Summe auf dem Konto dem Finanzamt gehört und über welchen Betrag man verfügen kann. Die Umsatzsteuervoranmeldungen und die jährliche Umsatzsteuererklärung müssen übrigens auch elektronisch ans Finanzamt übermittelt werden.

Exkurs: Die Kleinunternehmer-Regelung

Ist der Umsatz im Gründungsjahr voraussichtlich geringer als 17.500 Euro, können Sie die Kleinunternehmer-Regelung in Anspruch nehmen. Das ist auch in den folgenden Geschäftsjahren möglich, wenn der Vorjahresumsatz niedriger als 17.500 Euro war und im laufenden Jahr 50.000 Euro nicht übersteigen wird. Die Kleinunternehmer-Regelung bedeutet, dass Sie auf den Rechnungen keine Mehrwertsteuer ausweisen und dementsprechend auch keine ans Finanzamt abführen. Sie müssen dies auf Ihren Rechnungen deutlich machen, zum Beispiel durch den Satz: "Diese Rechnung ist umsatzsteuerbefreit gemäß § 19 (1) UStG".

Sofern Ihre Kunden hauptsächlich Privatpersonen, gemeinnützige Organisationen etc. sind, die selbst keine Vorsteuer geltend machen dürfen, kann es für Sie ein Wettbewerbsvorteil sein, wenn Sie keine Umsatzsteuer in Rechnung stellen müssen und somit günstiger sind als die Konkurrenz. Außerdem ersparen Sie sich den monatlichen Verwaltungsaufwand für die Umsatzsteuervoranmeldung.

Erbringen Sie Ihre Dienstleistung jedoch ausschließlich für umsatzsteuerpflichtige Geschäftskunden, kann die Ausweisung der Mehrwertsteuer auf der Rechnung sinnvoller sein. Die Kunden können dann nämlich die Umsatzsteuer Ihrerseits wieder vom Finanzamt zurückfordern. Ihr Unternehmen wirkt auch größer, wenn Sie umsatzsteuerpflichtig sind.

Außerdem sind Sie nicht vorsteuerabzugsberechtigt wenn Sie keine Umsatzsteuer erheben, das heißt, die von Ihnen gezahlte Umsatzsteuer wird Ihnen nicht vom Finanzamt erstattet. Gerade im Zuge der Gründung fallen jedoch in der Regel einige Anschaffungen an, bei denen Sie dann nicht vom Vorsteuerabzug profitieren können.

Überlegen Sie sich diese Entscheidung reiflich und ziehen Sie im Zweifelsfall einen Steuerberater bzw. eine Steuerberaterin zu Rate. Falls Sie auf die Anwendung der Kleinunternehmer-Regelung verzichten und gleich die Regelbesteuerung wählen, sind Sie an diese Entscheidung nämlich für mindestens fünf Kalenderjahre gebunden.

Ist- oder Soll-Besteuerung

Die Besteuerung des Umsatzes erfolgt üblicherweise nach vereinbarten Entgelten (Soll-Besteuerung). Das bedeutet, dass Sie, sofern Sie nicht das Kleinunternehmerprivileg in Anspruch nehmen, die vereinnahmte Umsatzsteuer bereits in dem Voranmeldezeitraum an das Finanzamt abführen müssen, in dem Sie die Leistung erbracht und die Rechnung ausgestellt haben. Da die Kundschaft sich gelegentlich durchaus Zeit beim Bezahlen von Rechnungen lässt und es aus verschiedenen Gründen zu Verzögerungen beim Geldeingang kommen kann, führt dies unter Umständen zu Liquiditätsproblemen.

Um das zu vermeiden, können Gewerbetreibende deren Gesamtumsatz im Jahr 500.000 € nicht übersteigt und die nicht zur Führung von Büchern verpflichtet sind, einen Antrag auf Besteuerung nach vereinnahmten Entgelten (Ist-Besteuerung) stellen. Die Mehrwertsteuer wird dann erst in dem Voranmeldezeitraum abgeführt, in dem das Geld auf Ihrem Konto eingegangen ist. Stellen Sie deswegen unbedingt einen Antrag auf Ist-Besteuerung, dies geschieht per Ankreuzen im steuerlichen Erfassungsbogen.

- **Tipp: Bilden Sie Rücklagen.**

  Sehr wichtig ist, dass Sie von Ihrem Gewinn ausreichende Rücklagen bilden, damit Sie die Steuern bei Fälligkeit zahlen können, ohne dass dies Sie in finanzielle Schwierigkeiten bringt.

Die Buchführung

Wie Sie schon in dem Kapitel über die Rechtsform erfahren haben, besteht die Pflicht zur doppelten Buchführung für Gewerbetreibende erst, wenn sie bestimmte Umsatz- und Gewinngrenzen überschreiten oder sich freiwillig ins Handelsregister eintragen lassen. Als Kleingewerbetreibende können Sie Ihren Gewinn mit der wesentlich einfacheren Einnahmen-Überschuss-Rechnung ermitteln. Hierbei werden die Einnahmen und Ausgaben einander gegenübergestellt und so der Gewinn bzw. der Verlust ermittelt.

Sie können Ihre Buchführung durchaus selber machen, wenn Sie bereit sind sich die entsprechenden Kenntnisse anzueignen. Der Besuch eines Seminars zum Thema Einnahmen-Überschuss-Rechnung ist sinnvoll. Alternativ oder ergänzend dazu können Sie sich von einer fachlich kompetenten Person an Ihrem eigenen Computer in die Materie einweisen lassen. Optimal ist es, wenn Sie sich schon vor Aufnahme der selbstständigen Tätigkeit mit dem Thema befassen, um die Belege von Anfang an korrekt verbuchen zu können. Erfassen Sie die Belege stets zeitnah, ist die Einnahmen-Überschuss-Rechnung bei einem Ein-Personen-Unternehmen kein großer Aufwand.

Übernehmen Sie das selbst, sparen Sie nicht nur die Kosten für den Steuerberater, sondern Sie wissen auch immer genau Bescheid, wo Sie finanziell stehen. Das korrekte Verbuchen der Belege können Sie auch erlernen, falls Sie sich entscheiden doch die Hilfe eines Steuerberaters in Anspruch zu nehmen. Diese wichtige Vorarbeit können Sie dann unter Umständen selbst erledigen, was wiederum Kosten spart.

Die Einnahmen und Ausgaben können Sie einfach mit einer Excel-Tabelle oder mit einer speziellen Software erfassen. Easy Cash & Tax zum Beispiel wurde speziell für Kleingewerbetreibende entwickelt, die eine Einnahmen-Überschuss-Rechnung anfertigen müssen. Die Software ermöglicht auch das Erstellen von Umsatzsteuervoranmeldungen und Umsatzsteuererklärungen. Sie können sich Easy Cash & Tax kostenlos aus dem Internet herunterladen (siehe Download-Links) und die Software dann an Ihren Bedarf anpassen.

Seit 2004 gibt es einen Vordruck des Finanzamtes für die Einnahmen-Überschuss-Rechnung, die Anlage EÜR. Falls Ihre Betriebseinnahmen nicht höher als 17.500 Euro sind, müssen Sie dieses Formular jedoch nicht verwenden, sondern Sie können einfach den per Einnahmen-Überschuss-Rechnung ermittelten Gewinn oder Verlust in der Anlage G (Einkünfte aus Gewerbebetrieb) zur Einkommenssteuererklärung eintragen.

Sie müssen dem Finanzamt nur die Einnahme-Überschuss-Rechnung und nicht sämtliche Belege einreichen. Diese müssen Sie jedoch ordentlich ablegen und entsprechend der Aufbewahrungsfristen vorhalten, so dass im Falle einer Prüfung durch das Finanzamt alle Vorgänge nachvollzogen werden können.

- **Tipp: Keine Buchung ohne Beleg.**

  Diesen Grundsatz der Buchführung lernt man in jedem Seminar zu diesem Thema. Das bedeutet, dass das Finanzamt Betriebsausgaben nur dann steuermindernd anerkennt, wenn diese durch entsprechende Belege und Quittungen nachgewiesen werden können. Auch die Kosten, die Ihnen im Zuge der Gründungsvorbereitung entstehen, können Sie geltend machen. Denken Sie immer daran sich Belege und Quittungen ausstellen zu lassen!

Vorsorge und Versicherungen

Bei Teilzeitgründung im Neben- oder Zuerwerb

Die Arbeitsministerin plant gerade ein Rentenreformpaket auf den Weg zu bringen, welches auch beinhaltet, dass für Selbstständige ab 2013 eine Rentenversicherungspflicht eingeführt werden soll. Bis zum Erscheinen der Neuauflage des Buches wird noch nicht absehbar sein, was aus diesen Plänen wird, so dass ich das noch nicht berücksichtigen kann. Nach dem jetzigen Stand soll das aber geringfügig und nebenberuflich Selbstständige nicht betreffen. Von daher ist das für die Personen, die im Neben- oder Zuerwerb gründen sowieso nicht relevant. Je nachdem wann Sie das Buch lesen, kann es sein, dass die entsprechende Regelung schon getroffen wurde und Sie das dann im Internet recherchieren oder im Rahmen eines Existenzgründungsseminares abklären können.

Bei nebenberuflicher Selbstständigkeit

Sofern Sie Ihre selbstständige Tätigkeit nebenberuflich ausüben, bleiben Sie üblicherweise über Ihren Hauptberuf in der gesetzlichen Renten-, Kranken-, Pflege-, Unfall- und Arbeitslosenversicherung. Das ist also ein sehr guter Weg ohne größere Kosten und Risiken die Selbstständigkeit auszuprobieren. Wie ich bereits im Kapitel über Teilzeitgründung ausführte, müssen Sie jedoch im Vorfeld das Gespräch mit Ihrer Krankenkasse suchen, um zu klären, ab welchem zeitlichen und finanziellen Umfang Sie als hauptberuflich selbstständig eingestuft würden.

Sobald Sie diese Grenze überschreiten würden, hätten Sie nämlich monatlich entsprechend hohe Kosten für Ihre Sozialversicherung zu tragen, die Sie erst mal verdienen müssten. Es lohnt sich also unbedingt, sich dieser Grenze immer bewusst zu sein und nur so viele Aufträge anzunehmen, dass man darunter bleibt. Insbesondere für Personen, die auf Dauer eine Teilzeit-Selbständigkeit geplant haben, ist das unabdingbar. Falls Sie langfristig eine hauptberufliche Selbstständigkeit beabsichtigen, können Sie das angehen, wenn Sie merken, dass Sie genügend Aufträge dafür erhalten würden.

Bei einem Nebenerwerb während des Bezuges von Arbeitslosengeld

Wie bereits unter der Überschrift „Arbeitslos und selbstständig" erläutert, übernimmt während des Bezuges von Arbeitslosengeld I die Agentur für Arbeit die Beiträge für die Kranken-, Pflege- und Rentenversicherung, sofern die Kriterien dafür erfüllt werden. Sogar eine Unfallversicherung besteht, die allerdings nur für Termine bei der Agentur für Arbeit oder Vorstellungsgespräche gilt.

Für Bezieher von Arbeitslosengeld II hingegen werden seit Januar 2011 keine Rentenbeitragszahlungen mehr geleistet. Auch bezüglich der Krankenversicherung ist es etwas komplizierter. Grundsätzlich ist man während des Bezugs von ALG II in der gesetzlichen Krankenversicherung pflichtversichert und die entsprechenden Beiträge werden vom Träger der Grundsicherung übernommen. Es gibt jedoch unter bestimmten Bedingungen auch die Möglichkeit der Familienversicherung während des ALG II Bezuges, entweder bei einem Ehepartner, Lebenspartner oder Elternteil. Erhält man Sozialgeld, sieht die Sache wieder anders aus. Dann muss man selbst für seine Absicherung sorgen, kann aber hierfür Zuschüsse erhalten.

Bei Zuerwerb als haushaltsführende Person

Haushaltführende Personen, die im Zuerwerb tätig sind, können üblicherweise beitragsfrei in der Krankenkasse des Ehepartners mitversichert bleiben, wenn ihr Gesamteinkommen 375 Euro im Monat nicht übersteigt und die wöchentliche Arbeitszeit unter 20 Stunden liegt. Zudem muss man als haushaltsführende Person keine Beiträge an die Rentenversicherung abführen, kann dies aber freiwillig tun. Abgesehen von einigen Ausnahmen existiert für Selbstständige auch noch (Juni 2012) keine Rentenversicherungspflicht, so dass man auch im Zuerwerb auf selbstständiger Basis Geld verdienen kann, ohne dass daraus Pflichtabgaben für die Rentenversicherung entstehen.

Falls Sie sich in der Elternzeit befinden, gelten für die Kranken- und die Rentenversicherung spezielle Regelungen (siehe Link-.Tipps). Lesen Sie bitte bei Bedarf noch einmal die entsprechenden Erläuterungen im Kapitel über Teilzeitgründung.

Bei Zuerwerb während des Studiums

Bis zum 25. Lebensjahr sind Studierende meistens über ihre Eltern in der gesetzlichen Kranken- und Pflegeversicherung mitversichert. Wie bereits in dem Kapitel über eine Teilzeitgründung während des Studiums ausgeführt wurde, darf der regelmäßige monatliche Gewinn jedoch nicht über 375 Euro liegen. Sofern die Einkommensgrenze nicht länger als zwei Monate innerhalb eines Jahres überschritten wird, darf in den Semesterferien mehr gearbeitet bzw. verdient werden. Lassen Sie sich bei Ihrer Krankenkasse beraten, um in Erfahrung zu bringen, was alles als Einkommen angesehen wird. Es wird in der Regel von einer hauptberuflichen Selbstständigkeit ausgegangen, sobald sozialversicherungspflichtige Arbeitnehmer beschäftigt werden. Dann ist die kostenlose Mitversicherung über die Eltern nicht mehr möglich.

Selbständige Nebentätigkeiten während des Studiums sind rentenversicherungsfrei, solange es sich um eine geringfügige Tätigkeit handelt. Eine Tätigkeit wird hier meistens als geringfügig eingestuft, wenn der monatliche Gewinn 375 Euro nicht übersteigt und außerdem weniger als 20 Stunden die Woche gearbeitet wird. Rentenversicherungsfreiheit besteht auch, wenn innerhalb eines Jahres seit Aufnahme der Beschäftigung der Zeitraum von zwei Monaten oder 50 Arbeitstagen nicht überschritten wird oder es sich nur um eine vorübergehende Selbstständigkeit handelt.

Bei Zuerwerb während des Rentenbezuges

Auf selbstständigen Hinzuverdienst während des Rentenbezuges wurde bereits im Kapitel über Teilzeitgründung kurz eingegangen. Waren Sie Mitglied in der gesetzlichen Krankenversicherung, sind Sie nun in der Krankenversicherung für Rentner (KVdR) pflichtversichert. Die KVdR trägt 50 Prozent der Beträge zur Krankenversicherung. Sollten Sie die Vorversicherungszeit nicht erfüllen, müssen Sie sich selbst um Ihren Krankenversicherungsschutz kümmern. Es ist jedoch als freiwilliges Mitglied einer gesetzlichen oder einer privaten Krankenkasse möglich einen Beitragszuschuss beim Rentenversicherungsträger zu erhalten.

Rentner/Rentnerinnen, die Einkommen aus einer selbständigen Tätigkeit erzielen, müssen dieses bei der Krankenversicherung angeben. Das Einkommen wird in der Regel angerechnet. Informieren Sie sich deswegen unbedingt im Vorfeld über die genauen Bestimmungen, damit Ihnen keine finanziellen Nachteile entstehen. Sind Sie während des Rentenbezuges hauptberuflich selbständig, können Sie nicht mehr über in die KVdR aufgenommen werden und müssen sich mit vollen Beiträgen selbst krankenversichern.

- **Tipp: Seien Sie offen und flexibel.**

  Zwar bietet es sich als Rentner oder Rentnerin an die selbstständige Tätigkeit in dem Bereich auszuüben, in welchem man lange Jahre gearbeitet hat, aber nur weil man über Jahrzehnte hinweg Schreibarbeiten erledigt hat, heißt das noch lange nicht, dass man nur das in Betracht ziehen sollte. Gerade Menschen, die über sehr viel Lebenserfahrung verfügen und einige Hobbys über viele Jahre intensiv betrieben haben, können die Chance ergreifen mal mit etwas ganz anderem Geld zu verdienen, was ihnen wirklich viel Freude macht.

  Als Xing-Mitglied stöbere ich gelegentlich in den Profilen und bin immer wieder überrascht, auf was für spannende Kombinationen ich gerade bei älteren Personen häufig stoße. Es gibt wirklich unendlich viele Möglichkeiten und es ist ratsam vor der Gründung in sich zu gehen und herauszufinden, wozu man wirklich Lust hat.

Bei Gründung im Haupterwerb

Bei einer hauptberuflichen Gründung müssen Sie sich um sämtliche Bereiche Ihrer Absicherung selbst kümmern und auch die Beiträge in voller Höhe tragen. An dieser Stelle kann nur ein kleiner Einblick in die Materie gegeben werden. Am besten lassen Sie sich zum Thema Vorsorge und Versicherungen umfassend von einer fachkundigen Stelle beraten. Bei den Link-Tipps im Anhang finden Sie einen Hinweis auf eine unabhängige Verbraucherberatungsstelle für Versicherungen.

Die Rentenversicherung

Abgesehen von einigen Ausnahmen sind Selbstständige derzeit (Juni 2012) noch nicht verpflichtet in die gesetzliche Rentenversicherung einzuzahlen. Freiwillig wird dies allerdings kaum jemand tun, da die gesetzliche Rentenversicherung im Vergleich zu privaten Produkten eine schlechtere Rendite hat. Außerdem ist bei Aufnahme der selbstständigen Tätigkeit der Gewinn oft noch zu niedrig, um Beiträge zahlen zu können.

Interessant sind staatlich geförderte Altersvorsorgeprodukte für Selbstständige, z. B. die Basis- oder Rürup-Rente. Zudem gibt es zahlreiche klassische Versicherungsprodukte, unter denen man auswählen kann. Vor Abschluss eines Vertrags sollte man sich allerdings genau beraten lassen. Informieren Sie sich auch über die steuerliche Absetzbarkeit des von Ihnen gewählten Modells. Natürlich ist es gut, wenn Sie Ihre Steuerlast durch die Absetzbarkeit Ihrer Ausgaben für die Rentenversicherung senken können. Klug wäre auch, wenn die Rente nicht auf die Mindestrente angerechnet wird.

Wie ich weiter oben bereits erwähnte, wird gerade eine Rentenversicherungspflicht für Selbstständige diskutiert. Es ist jetzt noch nicht absehbar, wie sich das entwickeln wird. Aus diesem Grund müssen Sie sich vor Aufnahme der gewerblichen Tätigkeit über den aktuellen Stand der Dinge informieren, damit Sie sich dann ggf. entsprechend absichern und die Beiträge in Ihrem Budget einplanen können. Vielleicht wird es ja erst später eingeführt als 2013 oder auch in einer anderen Form, als es jetzt geplant ist.

Die Kranken- und Pflegeversicherung

Seit Inkrafttreten der Gesundheitsreform am 01.07.2009 sind auch Selbstständige verpflichtet, Mitglied in einer gesetzlichen oder privaten Krankenversicherung zu werden. Selbstständige, die zuvor sozialversicherungspflichtig beschäftigt waren, können zwischen der Mitgliedschaft in einer gesetzlichen Krankenversicherung und einer privaten Krankenversicherung wählen. Selbstständige, die noch nie in einer gesetzlichen Krankenversicherung waren, können nur eine private Krankenversicherung abschließen.

Bei privaten Krankenversicherungen werden die Kosten anhand des Umfangs der gebotenen Leistungen berechnet. Die Höhe des Beitrages für die gesetzliche Krankenversicherung richtet sich nach Ihrem Gewinn und dem jeweiligen Beitragssatz der Krankenkasse. Was für Sie die günstigste Wahl ist, hängt von Ihrer persönlichen Situation ab. Wenn Sie noch Kinder oder einen Ehepartner mitversichern möchten, ist in der Regel die Mitgliedschaft in der gesetzlichen Krankenversicherung einer privaten Krankenversicherung vorzuziehen.

Sowohl mit der gesetzlichen als auch mit der privaten Krankenversicherung ist immer eine Pflegeversicherung verbunden. Wer freiwillig Mitglied einer gesetzlichen Krankenversicherung ist, wird automatisch bei der an die Krankenkasse angegliederten Pflegekasse pflegeversichert. Privat Krankenversicherte unterliegen der privaten Pflegeversicherungspflicht. Ehepartner und Kinder sind in der gesetzlichen Pflegeversicherung kostenfrei mitversichert, in der privaten Pflegeversicherung gilt dies nur für die Kinder.

Denken Sie auch an die Absicherung für den Krankheitsfall (Krankengeld). Über die verschiedenen Tarife und Alternativen informiert Sie Ihre Krankenkasse.

- **Tipp: Ermäßigter Krankenkassenbeitrag.**

  Selbstständige mit einem sehr geringen Einkommen können einen ermäßigten Beitragssatz beantragen, sofern sie Mitglied in der gesetzlichen Krankenversicherung sind. Fragen Sie einfach nach und lassen Sie sich den Antrag von Ihrer Krankenkasse zusenden.

Die freiwillige Arbeitslosenversicherung

Seit Februar 2006 können Existenzgründerinnen und Existenzgründer sich bei Vorliegen bestimmter Voraussetzungen freiwillig gegen Arbeitslosigkeit versichern. Der Antrag muss spätestens drei Monate nach der Gründung bei der Agentur für Arbeit eingegangen sein. Das war zu Beginn eine gute Möglichkeit mit geringen finanziellen Mitteln eine Absicherung für den Fall zu schaffen, dass man die Selbstständigkeit wieder aufgeben muss. Mittlerweile liegt der monatliche Beitrag jedoch bei 78,75 Euro in den alten Bundesländern und 67,20 Euro in den neuen Bundesländern. Neugründer müssen im ersten Jahr der Selbstständigkeit nur die Hälfte des regulären Beitrags zahlen.

Das Arbeitslosengeld wird im Bedarfsfall allerdings nicht nach der Höhe der Beiträge, sondern nach dem früheren versicherungspflichtigen Arbeitsentgelt ermittelt. Falls innerhalb der beiden letzten Jahre keine 150 Tage mit Anspruch auf Arbeitsentgelt nachgewiesen werden können, wird ein fiktives Arbeitsentgelt herangezogen, das sich nach der beruflichen Qualifikation richtet. Aus diesem Grund erhalten Akademiker dann viel mehr Arbeitslosengeld als Personen ohne Ausbildung, obwohl sie die gleichen Beiträge entrichtet haben.

Die Berufsunfähigkeitsversicherung

Eine Berufsunfähigkeitsversicherung ist besonders wichtig für Personen, die weder Rentenansprüche noch Vermögen haben und deren Existenz allein von ihrer Arbeitskraft abhängt. Berufsunfähigkeit wird häufiger durch Krankheiten als durch Unfälle verursacht, insofern ist diese Versicherung noch wichtiger für Selbstständige als die Unfallversicherung. Bei Selbstständigen sollte die Berufsunfähigkeitsversicherung möglichst nicht nur die privaten Lebenshaltungskosten absichern, sondern auch die Fixkosten für das Unternehmen. Als Ein-Personen-Unternehmen im Heimbüro sind allerdings die Fixkosten des Unternehmens nicht sonderlich hoch, so dass die Absicherung der privaten Lebenshaltungskosten von größerer Bedeutung ist. Schließt man eine Berufsunfähigkeitsversicherung ab, stuft einen diese in der Regel erst als berufsunfähig ein, wenn einem im Betrieb keine Tätigkeitsbereiche mehr offen stehen, in denen man trotz der gesundheitlichen Einschränkungen noch arbeiten könnte.

Die Unfallversicherung

Wie bereits unter der Überschrift „Die Berufsgenossenschaft" erwähnt, können Sie sich freiwillig in der Berufsgenossenschaft gegen die Folgen von Arbeitsunfällen und Berufskrankheiten versichern. Die gesetzliche Unfallversicherung kann je nach Situation entweder für Rehabilitationsmaßnahmen, Schadensersatz oder eine monatliche Rente aufkommen. Wenn Sie es vorziehen eine private Unfallversicherung abzuschließen, haben Sie die Auswahl unter zahlreichen Anbietern. Private Unfallrisiken müssen zudem über eine private Unfallversicherung abgesichert werden. Empfehlenswert ist eine Unfallversicherung insbesondere für Personen mit hoher Reisetätigkeit im Beruf (Verkehrsunfallrisiko) und für Personen, die in der Freizeit durch Sport oder Hobby verstärkt Unfallgefahren ausgesetzt sind.

Die Betriebshaftpflichtversicherung

Neben der privaten Haftpflichtversicherung sollte man auch eine Betriebshaftpflichtversicherung abschließen, welche die Ansprüche deckt, die „einem Dritten durch die betriebliche Tätigkeit eines Unternehmens schuldhaft verursacht wurden. [...] In der Haftpflichtversicherung gilt der Grundsatz der Spezialität: nur die Eigenschaften und Rechtsverhältnisse, die der Versicherungsnehmer bei Vertragsabschluss angibt, fallen unter den Versicherungsschutz. (Quelle: de.wikipedia.org/wiki/Betriebshaftpflichtversicherung, zugegriffen am 01.06.2012). Man muss bei Abschluss der Versicherung dementsprechend genaue Angaben machen.

Die Rechtsschutzversicherung

Gerade im Rahmen einer selbstständigen Tätigkeit ist man der Gefahr von Rechtsstreitigkeiten ausgesetzt. Mit einer Gewerberechtsschutzversicherung kann man seine rechtlichen Interessen wahrnehmen, ohne finanzielle Risiken einzugehen.

Einen Versicherungsschutz für den privaten und beruflichen Bereich gibt es auch als Kombipaket, welches speziell auf die Bedürfnisse von Gewerbetreibenden zugeschnitten ist.

Die Hausratsversicherung

Die Hausratsversicherung umfasst Schäden am gesamten Hausrat durch Brand, Blitzschlag, Explosion, Einbruchdiebstahl, Raub und Vandalismus, Sturm und Hagel. In der Regel lassen sich gegen eine höhere Prämie weitere Gefahren mitversichern. Versichert ist üblicherweise der gesamte Hausrat, also die Einrichtung, Gebrauchsgüter und Verbrauchsgüter, Bargeld und Wertsachen. Klären Sie vor Abschluss, ob Ihre Arbeitsgeräte und Einrichtungsgegenstände, die dem Gewerbe dienen, mitversichert sind und wie es mit dem Schutz gegen Überspannungsschäden etc. aussieht.

- **Tipp: Versicherungsschutz schrittweise ausbauen.**

  Unter Umständen können weitere Versicherungen (Absicherung von Geschäftsrisiken, Betriebsunterbrechungsversicherung etc.) für Sie Sinn machen. Informieren Sie sich am besten bei einer Verbraucherberatungsstelle, welcher Schutz für Sie am sinnvollsten ist und wie Sie das am günstigsten erreichen. Zu Beginn müssen Sie Ihre Absicherung vermutlich auf die allerwichtigsten Bereiche beschränken, um dann Ihren Schutz Schritt für Schritt weiter auszubauen.

Die Finanzierung

Für ein Schreibbüro im Home-Office benötigt man nur wenig Startkapital da keine Büromiete anfällt und die notwendigen Arbeitsgeräte vermutlich bereits vorhanden sind. Bei einem Start im Nebenerwerb reduziert sich der Finanzierungsbedarf zusätzlich, weil Sie für Ihren Lebensunterhalt schon anderweitig gesorgt haben. Sollten Sie trotzdem Kapital benötigen, können Sie sich entweder bei Verwandten oder Freunden etwas leihen oder einen Kredit aufnehmen. Es gibt auch staatliche Existenzgründungsförderungen, die an bestimmte Voraussetzungen gebunden sind

Finanzielle Förderung bei Gründung aus der Arbeitslosigkeit

Gründen Sie aus der Arbeitslosigkeit heraus, empfehle ich Ihnen die Lektüre des Buches „Gründungszuschuss und Einstiegsgeld – Zuschüsse, Mikrokredite, geförderte Beratung, Erfolgreich selbständig mit Geld vom Staat“ von Andreas Lutz. Darin erfahren Sie alles, was Sie zu dem Thema wissen müssen. Auch auf der Homepage www.gründungszuschuss.de stellt der Autor umfangreiche Informationen zur Verfügung. Im Folgenden erhalten Sie grundlegendes Wissen bezüglich dieser staatlichen Existenzgründungsförderungen, die Sie dann bei Bedarf dort vertiefen können.

Der Gründungszuschuss

Die Agentur für Arbeit fördert mit dem Gründungszuschuss hauptberufliche Existenzgründungen, wenn bestimmte Voraussetzungen erfüllt werden. Eine der Hauptbedingungen ist, dass man wenigstens einen Tag arbeitslos war und bei Antragstellung noch für mindestens 150 Tage Anspruch auf Arbeitslosengeld I bestehen muss. Des Weiteren muss ein Businessplan erstellt und diesem von einer fachkundigen Stelle die Tragfähigkeit bescheinigt werden. Fachkundige Stellen sind zum Beispiel die Industrie- und Handelskammern, Fachverbände, Steuerberater etc. Zudem muss gegenüber der Arbeitsagentur die persönliche und fachliche Eignung dargelegt werden.

Im Rahmen des Gründungszuschusses kann die Selbstständigkeit bis zu 15 Monaten gefördert werden. Während der ersten 9 Monate erhält man eine Grundförderung in Höhe des bisherigen Arbeitslosengeldes und dazu eine monatliche Pauschale von 300 Euro für die Sozialversicherungsausgaben. Danach kann eine Aufbauförderung für 6 Monate beantragt werden. Es wird dann allerdings nur noch die monatliche Pauschale von 300 Euro für die Sozialversicherungsausgaben gezahlt.

Die Grundförderung wird auf den noch bestehenden Arbeitslosengeld-Anspruch angerechnet, dementsprechend verringert sich dieser bzw. wird unter Umständen ganz aufgebraucht. Die Förderung ist steuerfrei und unterliegt nicht dem Progressionsvorbehalt, sprich das Finanzamt behandelt sie nicht als Einnahme.

Seit dem 01.11.2011 besteht leider kein Rechtsanspruch mehr auf den Gründungszuschuss. Die Bewilligung liegt vielmehr im Ermessen des Sachbearbeiters der Arbeitsagentur.

Das Einstiegsgeld

Das Einstiegsgeld kann bis zu 24 Monate als Zuschuss zum Arbeitslosengeld II gezahlt werden, wenn die selbstständige Tätigkeit hauptberuflich ausgeübt wird. Es besteht kein Rechtsanspruch auf diese Förderung, sondern es handelt sich auch hier um eine Ermessensentscheidung. Bei Bewilligung der Förderung erhält man zusätzlich zur Regelleistung, der Miete, den Heizkosten etc. 50 Prozent des Regelsatzes (= 182 Euro). Für jedes weitere Mitglied der Bedarfsgemeinschaft erhält man noch 10 Prozent des Regelsatzes (= 36,40 Euro). Die Bewilligung erfolgt für Zeitabschnitte von 6 bis 12 Monaten. Um das Einstiegsgeld zu beantragen, muss zwar auch ein Businessplan vorgelegt werden, aber die Tragfähigkeitsbescheinigung einer fachkundigen Stelle ist nicht zwingend erforderlich, kann allerding vom Fallmanager verlangt werden. Auch das Einstiegsgeld wird vom Finanzamt nicht als steuerlich relevante Einnahme gewertet.

Der Gewinn aus der selbstständigen Tätigkeit wird vom Jobcenter weitgehend mit dem Arbeitslosengeld II verrechnet. Der Anspruch auf das Arbeitslosengeld II erlischt, sobald man nicht mehr als hilfsbedürftig eingestuft wird. Die Aufstellungen für das Jobcenter unterscheiden sich bezüglich des Gewinns von der für das Finanzamt, so dass verschiedene Listen geführt werden müssen. Dies resultiert aus der Tatsache, dass seit 2008 nicht mehr alles, was beim Finanzamt als Betriebsausgabe abgesetzt werden kann, auch vom Jobcenter als Betriebsausgabe anerkannt wird. Die Betriebsausgaben dürfen „weder ganz noch zum Teil vermeidbar sein und sollten den Lebensumständen eines Hartz IV–Empfängers entsprechen. Abschreibungen von Käufen aus Zeiten vor dem ALG II–Bezug werden nicht anerkannt." (Quelle: Arbeitslosengeld 2, Die Hartz IV Blogger, - Kategorie „Deutschlands Alltag", Montag, 23. März 2009, www.arbeitslosengeld-2.de/kategorie/deutschlands-alltag/page/70/, zugegriffen am 01.06.2012).

Weitere Möglichkeiten der Finanzierung

Der KfW-Gründerkredit-StartGeld

Die Kreditanstalt für Wiederaufbau(KfW) ist eine Anstalt des öffentlichen Rechts (80 Prozent Bund, 20 Prozent Länder), die dem Bundesfinanzministerium untersteht. Die KfW-Mittelstandsbank fördert insbesondere Existenzgründungen. Hier gibt es für kleine Unternehmen den KfW-Gründerkredit – StartGeld, der zum 01.04.2011 als Nachfolgeprogramm des KfW-StartGelds etabliert wurde. Der Finanzierungshöchstbetrag beträgt 100.000 Euro, wovon bis zu 30.000 Euro für Betriebsmittel genommen werden können. Die KfW-Mittelstandsbank bietet eine Haftungsfreistellung in Höhe von 80 Prozent an. Das bedeutet, dass eine Kreditvergabe auch bei fehlenden oder geringen Sicherheiten möglich ist. Die Förderung von anfänglichen Nebenerwerbstätigkeiten ist möglich. Über alle Förderprogramme und Finanzhilfen des Bundes, der Länder und der EU können Sie sich auf der Website des Bundesministeriums für Wirtschaft und Technologie (siehe Link-Tipps) informieren.

Der Mikrokredit

Mikrokreditfonds Deutschland

Für ein Kleinstunternehmen mit geringem Kapitalbedarf ist ein Kleinstkredit selbstverständlich bedarfsgerechter als ein hoher Betrag. Um dieser Tatsache Rechnung zu tragen und den Zugang zu Krediten für diese Zielgruppe zu erleichtern, wurde 2010 der Mikrokreditfonds Deutschland gegründet. Bei den Mikrofinanzinstituten kann man viel einfacher Kredite erhalten als bei normalen Banken, wobei natürlich der Businessplan überzeugend sein bzw. das aktuelle Anliegen schlüssig dargestellt werden muss. Es ist möglich und üblich sich zuerst kleine Summen zu leihen und nach der Rückzahlung dann größere Summen zu erhalten. Die Zinsen betragen derzeit (Juni 2012) 8,9 Prozent p.a. effektiv. Es handelt sich um kurze Laufzeiten von bis zu 3 Jahren und die Tilgung erfolgt monatlich oder endfällig. Bearbeitungsgebühren muss man nicht zahlen, sondern die Kreditsumme wird vollständig ausgezahlt (vgl. www.mikrokreditfonds.de/de/mikrokredit-erhalten.html, zugegriffen am 03.06.2012).

Auf der Webseite, die in den Link-Tipps aufgeführt ist, können Sie sich über die genauen Konditionen informieren und anhand der Eingabe Ihrer Postleitzahl recherchieren, welche Mikrofinanzinstitute sich in Ihrer Nähe befinden. Motivierend finde ich auf der Webseite insbesondere auch die Videos mit den Kreditgeschichten, wo unterschiedliche Kreditnehmerinnen und Kreditnehmer berichten, wofür Sie die Kredite verwendet haben.

Ein akkreditiertes Mikrofinanzkreditinstitut, das bundesweit Kleinkredite an Gründer und Selbstständige vergibt, ist zum Beispiel die Bonsai Kredit GmbH. Es besteht eine enge Zusammenarbeit mit gründungszuschuss.de, deswegen können Sie auf der Webseite (siehe Link-Tipps) einen zweiseitigen Fragebogen ausfüllen, um einen Kredit zu beantragen. Sie können sich im Vorfeld der Antragstellung dort auch einen Flyer mit Informationen über Mikrokredite ansehen und sämtliche Details über die Beantragung eines Bonsai-Kredites in Erfahrung bringen.

Der Online-Kreditmarktplatz smava

Da sowohl das Stiftung Warentest-Ergebnis als auch die Pressestimmen sehr positiv ausgefallen sind, möchte ich an dieser Stelle kurz aus smava eingehen. smava ist ein Marktplatz für das Verleihen und Leihen von Geld im Internet. Als Kreditnehmer muss man volljährig sein, darf keinen negativen Schufa-Eintrag haben und die Schufa-Bonität darf nicht schlechter als H sein. Man muss seinen Wohnsitz in Deutschland haben und über ein Bankkonto in Deutschland verfügen. Der Kreditwunsch kann in einem Kreditprojekt beschrieben werden, damit die Anleger wissen, wofür ihr Geld verwendet wird. Der Name und die Identität des Kreditnehmers werden nicht auf dem Marktplatz sichtbar. Bei Abschluss eines Kreditvertrages muss vom Kreditnehmer eine Vermittlungsprovision gezahlt werden, die sich in Abhängigkeit von der Laufzeit 2,5 bis 3 Prozent des Kreditbetrages beläuft. Die Mindestkreditsumme beträgt 1.000 Euro und die Höchstkreditsumme 50.000 Euro (vgl. www.smava.de, zugegriffen am 03.06.2012).

Sämtliche Details, die genauen Konditionen und die Vorgehensweise sind auf der Website nachzulesen. Selbstverständlich müssen Sie das Angebot umfassend prüfen und die AGB und Datenschutzbestimmungen gründlich studieren, wenn Sie dort einen Kredit aufnehmen möchten.

- **Tipp: Förderung für Menschen mit Beeinträchtigungen.**

  Chronisch kranke oder behinderte Menschen haben ggf. Anspruch auf spezielle Förderungen. Gemäß § 102 Abs. 3 Nr. 1c SGB IX i.V. m. §21 SchwbAV können unter bestimmten Voraussetzungen finanzielle Hilfen zur Gründung und Erhaltung einer selbstständigen beruflichen Existenz gewährt werden. Außerdem besteht unter Umständen die Möglichkeit finanzielle Leistungen für technische Arbeitshilfen, Arbeitsassistenz, Maßnahmen zur Fort- und Weiterbildung sowie für eine behinderungsgerechte Gestaltung des Arbeitsplatzes zu beantragen (vgl. www.integrationsaemter.de, zugegriffen am 03.06.2012). Im Anhang finden Sie weiterführende Links zur Existenzgründungsberatung für behinderte Menschen.

Das Unternehmenskonzept

Ein Unternehmenskonzept benötigen Sie, um einen Gründungszuschuss oder eventuell auch, um Einstiegsgeld zu beantragen. Außerdem müssen Sie ein Unternehmenskonzept vorlegen, wenn Sie ein Darlehen bei einer Bank aufnehmen, einen Mikrokredit beantragen oder Investoren von Ihrem Konzept überzeugen wollen. Die Ausarbeitung kann aber allein aus dem Grund Sinn machen, dass Sie für sich selbst die wichtigsten Punkte bezüglich Ihres Gründungsvorhabens durchdenken und schriftlich festhalten. In diesem Kapitel wird nicht im Detail erklärt, wie Sie ein Unternehmenskonzept anfertigen müssen, dafür betrachte ich mich diesbezüglich zu wenig als Fachfrau. Sofern Sie einen Businessplan anfertigen müssen oder möchten, empfehle ich Ihnen die Lektüre der beiden Bücher von Andreas Lutz und Paul Tiffany, die im Literaturverzeichnis aufgeführt sind.

Zur groben Orientierung habe ich mein eigenes Unternehmenskonzept als Muster einfügt, wobei ich einige persönliche Daten und vertrauliche Informationen gelöscht und durch den Platzhalter x ersetzt habe. Bereits aus dem Inhaltsverzeichnis des Konzeptes können Sie ersehen, welche Aspekte Sie für sich klären müssen. Bei der Erstellung zog ich damals unter anderem das entsprechende Kapitel aus dem Buch „Ich-AG und Überbrückungsgeld" von Andreas Lutz zu Rate. Insofern tauchen in dem Konzept bei den Überschriften und in den Berechnungstabellen einige Begrifflichkeiten aus diesem Buch auf (vgl. ebenda S. 108-113 und S. 121-130).

Mein Unternehmenskonzept soll hier nur aber nur als Beispiel dienen, damit Sie sehen, welche Aspekte darin vorkommen müssen. Es ist mittlerweile total veraltet, insbesondere auch, was die Zahlen angeht, weil es bereits 2005 angefertigt wurde. Selbstverständlich haben sich die Preise längst geändert und auch die Grundlage, den Existenzgründungszuschuss (Ich-AG), gibt es nicht mehr. Zudem kommen natürlich längst keine Disketten oder Kassetten mehr zum Einsatz, sondern nur noch andere Speichermedien bzw. meistens werden die Dateien einfach via Internet übermittelt. Außerdem erbringe ich meine Dienstleistung, anders als im Konzept vorgesehen, von Anfang an bundesweit.

Den Liquiditätsplan hatte ich damals als Excel-Datei separat abgespeichert, an dieser Stelle des Konzeptes befindet sich hier im Muster nun eine leere Tabelle. Diese Tabelle müssen Sie ggf. noch um die fehlenden Monate erweitern und mit Zahlen versehen.

Um potenzielle Kunden aufzuführen, können Sie einfach im Internet und in den Gelben Seiten recherchieren. Mit Sicherheit haben Sie eine Vorstellung davon, welche Zielgruppe für Sie in Frage kommt oder verfügen sogar schon über entsprechende Kontakte. Die Anzahl der Wettbewerberinnen zu ermitteln, ist etwas schwieriger, da Sie ja vermutlich Ihre Dienstleistung auch bundesweit bzw. darüber hinaus erbringen werden.

Der Preis ist eines der zentralen Kriterien, anhand dessen Interessenten entscheiden, ob sie eine Anfrage an Sie richten oder nicht. Wenn Sie zu Beginn bei der Preiskalkulation Schwierigkeiten haben, können Sie sich erst einmal an den Preisen der Konkurrenz orientieren, welche man heutzutage sehr komfortabel auf deren Internetpräsenz recherchieren kann. Sie sollten sich aber unbedingt trotzdem hinsetzen und ausrechnen, wie viel Sie den Kunden in Rechnung stellen müssen, damit Sie in der Ihnen zur Verfügung stehenden Arbeitszeit ausreichende Summen einnehmen, um Ihre betrieblichen und privaten Ausgaben und natürlich Ihre Steuern zahlen zu können.

Andreas Lutz bietet auf seiner Webseite www.gründungszuschuss.de die Möglichkeit für 29,- Euro ein Template herunterzuladen, mit dessen Hilfe ein Business-Plan inklusive finanziellem Teil erstellt werden kann. Dieses Tool ist mit Sicherheit eine große Erleichterung bei der Ausarbeitung des Unternehmenskonzeptes.

- **Tipp: Zur Gestaltung.**

  Falls Sie das Unternehmenskonzept bei fachkundigen Stellen Banken, der Agentur für Arbeit etc. vorlegen müssen, sollten Sie einige Exemplare davon im Kopierladen schön binden lassen. Es macht dann nicht nur einen wesentlich professionelleren Eindruck, sondern lässt sich auch besser lesen.

MUSTER

Unternehmenskonzept
zur Eröffnung eines Schreibdienstes

vorgelegt von:

Name Vorname
Straße Haus-Nr.
Postleitzahl Ort
Tel.:
E-Mail:

Inhaltsverzeichnis S.

1. Zu meiner Person

Ich bin x Jahre, ledig und habe keine Kinder. Nach meinem Abitur x war ich in verschiedenen Bereichen tätig. x schloss ich eine Ausbildung zur x ab. Parallel zu mehrjähriger Berufstätigkeit im kaufmännischen und sozialen Bereich absolvierte ich einige Jahre später ein Teilzeitstudium an der Fernuniversität Hagen x. Im Mai x erwarb ich den x.

1.1. Motive für die Unternehmensgründung

Die allgemeine Lage auf dem Arbeitsmarkt, wiederholte Phasen der Arbeitslosigkeit und die sich mit zunehmendem Alter immer schwieriger gestaltende Stellensuche ließen den Wunsch entstehen, mir eine Perspektive zu schaffen. Von meiner Persönlichkeit bin ich hervorragend für eine selbstständige Tätigkeit geeignet. Ich bin es gewohnt mir selbstständig Ziele zu setzen und diese diszipliniert und ausdauernd zu verfolgen. Mein verbindliches Auftreten wird mir bei den Kundenkontakten zugutekommen.

1.2. Unternehmerische/ Kaufmännische Kenntnisse

Grundlegende kaufmännische Kenntnisse erwarb ich während meiner Ausbildung zur x. Das Führen einer ordentlichen Ablage und das Erfassen bzw. die Pflege von Kundendaten gehörten im Rahmen von Verwaltungstätigkeiten zu meinen Aufgaben. Während einer Tätigkeit als x organisierte ich Einsätze bei hilfsbedürftigen Personen und erwarb hierbei Kompetenzen im Umgang mit Kunden/Kundinnen, Behörden und freien Mitarbeitern/Mitarbeiterinnen.

Zur Vorbereitung auf die Selbstständigkeit besuchte ich ein Existenzgründerinnenseminar. Als Kleingewerbetreibende genügt für meine Steuererklärung eine Einnahme-Überschussrechnung. Zu diesem Thema beabsichtige ich einen Kurs zu belegen. Außerdem plane ich das Coaching-Geld der Agentur für Arbeit zu beantragen und mir mit diesen Mitteln kompetente Unterstützung zu holen.

1.3. Branchenkenntnisse

Das Schreiben nach Phonodiktat ist mir ebenso geläufig wie das Arbeiten nach Vorlage. Selbstverständlich kann ich sehr schnell 10-Finger-Blind-Schreiben und verfüge über sehr gute Textverarbeitungskenntnisse. Sowohl in der Transkription von Interviews als auch in der Anfertigung von juristischen Schriftsätzen habe ich Erfahrung. Insofern sind mir die Fachterminologie und die Vorgehensweise in den Zielgruppen vertraut.

2. Unternehmen

2.1. Unternehmensgegenstand

Der Schreibdienst x bietet qualitativ hochwertige, termingerecht angefertigte Schreibarbeiten zu moderaten Preisen an.

Die Dienstleistungen umfassen im Einzelnen:

Transkription von narrativen und teilstandardisierten Interviews
Schreiben von Gutachten
Schreiben juristischer Schriftsätze
Schreiben jeglicher längerer Texte für private oder gewerbliche Zwecke

2.2. Sitz des Unternehmens / Rechtsform

Das Unternehmen wird in x-Stadt in der x-Straße als Einzelunternehmen geführt.

3. Preis

Die Preise richten sich nach Bearbeitungszeit, Auftragsgröße, Formatvorgaben etc. Sie betragen z.B. pro Seite 2,50 € im Falle von Phonodiktat bei Standardformat (Seitenrand oben, links und rechts 2,5 cm und unten 2 cm bei 1,5-zeiligem Abstand). Da ich im Schnitt pro Stunde beim Schreiben nach Phonodiktat inkl. wiederholten Hörens unverständlicher bzw. schwer verständlicher Passagen, Formatieren, Rechtschreibprüfung, etc. ca. x Seiten anfertige, errechnet sich somit ein Stundensatz von x €. Dieser Preis gilt zudem für die Lieferung auf Diskette oder als E-Mail-Anhang, wie es bei der Transkription von Interviews üblich ist. Soll die Lieferung als Papierausdruck erfolgen, müssen bei umfangreichen Aufträgen Materialkosten berechnet werden. Von der Umsatzsteuer befreite Kunden profitieren davon, dass ich zu Beginn das Kleinunternehmerprivileg nach § 19 UStG nutzen werde und so keine Umsatzsteuer in Rechnung stellen muss.

4. Zielgruppe

Die Zielgruppe des Unternehmens besteht vorwiegend aus Firmenkunden und in geringerem Umfang aus Privatkunden.

4.1. Firmenkunden

Potenzielle Firmenkunden für die Transkription von Interviews sind Universitäten und Institute, die empirische Sozialforschung betreiben und in diesem Rahmen Interviews durchführen. Hierzu gehören u.a.

- die x,
- die x,
- die x,
- das Institut x,
- die x.

Um Aufträge für das Schreiben von Gutachten zu akquirieren werde, ich vorwiegend an Institute und Verbände herantreten (z. B. das Institut x, das Institut x, x, die x. Die Übernahme von kleinen Aufträgen z. B. für praktizierende Psychotherapeuten/Psychotherapeutinnen wäre nicht rentabel, da der zeitliche und organisatorische Aufwand (die Auftragsannahme, das Abklären der Details, das Abholen der Aufträge, die Rückgabe nach Fertigung) genau so groß ist wie bei umfangreichen Aufträgen und somit nicht im Verhältnis zu dem für ein oder zwei Seiten zu erzielenden Preis steht.

Hinsichtlich des Schreibens juristischer Schriftsätze werde ich Anwälte/Anwältinnen in meiner näheren Umgebung, d.h. in meinem und den umliegenden Stadtteilen, ansprechen. Zu der damit verbundenen Zeitersparnis kommt, dass wegen der einzuhaltenden gerichtlichen Fristen in dieser Zielgruppe oft sehr kurzfristig auch umfangreiche Schriftsätze unterschriftenreif anzufertigen sind. Deswegen ist es sinnvoll, wenn ich schnell vor Ort sein kann und ggf. die Arbeit auch gleich vor Ort erledige. Interessant ist mein Angebot hier in besonderem Maße für Existenzgründer/Existenzgründerinnen, die sich noch keine eigenen Angestellten leisten können.

Die Bereitschaft in den Räumlichkeiten von Kunden/Kundinnen Schreibarbeiten zu erledigen, besteht natürlich hinsichtlich aller Zielgruppen. Dort werden die Arbeiten jedoch eher ausgelagert, weil sie nur phasenweise anfallen und vor Ort keine Arbeitsplätze bzw. Räumlichkeiten für diese Tätigkeiten vorhanden sind.

4.2. Privatkunden

Potenzielle Privatkunden sind Studenten und Studentinnen, die empirische Arbeiten anfertigen und den Bereich der Transkription oder sonstige Teile der Schreibarbeit abgeben wollen. Zudem alle anderen natürlichen Personen, die längere Texte zu schreiben haben (Biografien, Bücher, ...).

4.3. Aktionsradius

Das Unternehmen fokussiert sich auf Kunden im Raum Bremen. Die Zielgruppe ist ausreichend groß, um bei einem realistischerweise zu erzielenden Marktanteil die nötigen Umsatzzahlen zu erreichen.

5. Positionierung und Kundennutzen

Mein Unternehmen steht für Effizienz. Die notwendigen Schreibarbeiten werden von mir schnell, zuverlässig und in guter Qualität erledigt. Dies bedeutet für die Kunden/Kundinnen Arbeitserleichterung, Zeit- und Kostenersparnis.

6. Markt- und Wettbewerbssituation

Der Bürodienstleistungsmarkt zeigt seit Jahren zweistellige Wachstumsraten, da immer mehr Firmen kosten- und personalintensive Leistungen auslagern. Außerdem führte die Zunahme an Existenzgründungen dazu, dass Unternehmen, die sich in der Anfangsphase noch kein eigenes Personal leisten können, hier einen Mehrbedarf entstehen ließen. In den Gelben Seiten von x sind 13 Schreibbüros eingetragen. Ich gehe davon aus, dass noch ca. 20 andere Dienstleister in dem Sektor existieren, die nicht dort eingetragen sind bzw. die ihre Leistung nebenberuflich anbieten.

Meine ausschlaggebenden Wettbewerbsvorteile sind meine akademische Ausbildung und die daraus resultierenden theoretischen Kenntnisse in qualitativer Sozialforschung. Dadurch bin ich in der Lage im Bereich der Interviewtranskription gut durchdachte, qualitativ hochwertige Arbeit zu liefern. Zudem war ich nach meiner Ausbildung zur x in einem Übersetzungsbüro beschäftigt, in dem ich nach Phonodiktat nicht nur deutsche sondern auch englische Schreibarbeiten erledigte. Insofern stellt auch das Schreiben englischer Texte kein Problem für mich dar.

6.1. Bestehende Geschäftsverbindungen

Neben einer Teilzeittätigkeit als Verwaltungskraft bei der Firma x transkribierte ich auf 400-Euro-Basis 4 Monate lang Interviews für das Institut x. Dort werde ich mich zuerst mit meiner Dienstleistung präsentieren, und zwar schon in der Planungs- und Vorbereitungsphase, um ggf. schon im Vorfeld Aufträge zu erhalten.

7. Organisation des Absatzes / Marketing- und Werbeaktivitäten

Bis zur Anmeldung meiner Existenz werde ich über eine Homepage, Flyer und Visitenkarten verfügen. All dies beabsichtige ich bis ca. 1,5 Monate vor dem Datum der Existenzgründung fertiggestellt zu haben. Aus dem Internet und den Gelben Seiten verschaffe ich mir bis dahin die nötigen Kontaktdaten der potenziellen Kunden. Diese werde ich anrufen bzw. anmailen und ggf. aufsuchen, um mein Angebot vorzustellen und meine Visitenkarten zu übergeben, auf denen auch auf die Homepage verwiesen wird. Des Weiteren werde ich an geeigneten Orten (Universität, Hochschule, Institute, Universitätsbibliothek, Stadtbibliothek, ...) Flyer auslegen. Den Anwälten und Anwältinnen werde ich je nach Situation entweder meine Flyer/Visitenkarten persönlich überreichen oder einwerfen. Meine Homepage wird so gestaltet sein, dass mein Angebot unter möglichst vielen Suchbegriffen im Internet auftaucht.

8. Interne Organisation und Personalbedarf

Die Einstellung von Personal ist zunächst nicht geplant. Sobald ich mehr Aufträge habe, als ich alleine abarbeiten kann, werde ich mich durch freie Mitarbeiter unterstützen lassen. Zu Beginn werde ich von der Akquise bis zur Auslieferung der fertigen Schreibarbeiten alle Tätigkeiten (inkl. der kaufmännischen) selbst übernehmen. Die Auslieferung der Dokumente bzw. die Rückgabe des Originaldatenmaterials kann ab einem entsprechenden Umsatz dann ggf. per Post, Fahrradkurierdienst o.ä. erfolgen.

9. Risiken

Der Erfolg des Unternehmens ist von mehreren Faktoren abhängig:

a) Markt

Bei verhältnismäßig festen, aber geringen Betriebsausgaben, lässt sich ein Misserfolgsrisiko minimieren und dem Markt jederzeit flexibel anpassen (keine Personalkosten, günstige Büromiete, keine größeren Investitionen).

b) Konkurrenz

Es bestehen genügend Wettbewerbsvorteile, um neben der Konkurrenz bestehen zu können.

c) Zahlungsmoral

Bei größeren Aufträgen, die sich über längere Zeiträume hinziehen, erstelle ich eine monatliche Rechnung. Somit ist das Risiko bei schlechter Zahlungsmoral geringer.

c) Persönliche Leistungsfähigkeit: „Ein-Frau-Betrieb"

In der Planung gehe ich von 220 Arbeitstagen für mich aus. Der Abschluss einer Krankentagegeldversicherung, einer Berufsunfähigkeitsversicherung und Betriebsunterbrechungsversicherung wird angedacht. Um im Urlaubs- und Krankheitsfall die Kunden/Kundinnen zu halten, wäre eine Kooperation mit einem Mitbewerber-Unternehmen oder der Einsatz einer freien Mitarbeiterin, die vorher schon für mich tätig gewesen sein sollte und den Ablauf kennt, möglich.

10. Entwicklungschancen des Unternehmens

Sobald ich einen festen Kundenstamm habe, plane ich als zusätzliches Angebot x. Ich gehe davon aus, dass die Kunden/Kundinnen, sobald sie meine Verlässlichkeit und die Qualität meiner Arbeit zu schätzen gelernt haben, zunehmend Bereiche an mich abgeben werden. Für diese Anteile der Arbeit werde ich einen Stundensatz von 20,- € berechnen.

11. Finanzierung und finanzielle Planung

Der Finanzierungsbedarf ist gering. Ich werde zuerst einmal mit den Sachen arbeiten, die ich habe und dann nach und nach einiges an technischem Equipment besorgen. Dabei werde ich die Sachen entweder leasen oder mir die noch benötigten Gelder aus meinem privaten Umfeld zu guten Konditionen leihen. Aus der Liquiditätsplanung ist ersichtlich, dass das Unternehmen sofort tragfähig sein wird. Voraussetzung hierfür sind allerdings die Leistungen der Agentur für Arbeit („Existenzgründungszuschuss“). Sie sind im Liquiditätsplan berücksichtigt. Damit wird in den ersten zwölf Monaten die Hälfte des Unternehmerlohns gedeckt. Der Existenzgründungszuschuss stellt somit die finanzielle Basis der Startphase dar.

11.1. Investitionsplan

Investitionsplan (alle Angaben in Euro)		
1. Gründungskosten		65,00
Gewerbeanmeldung	15,00	
Erstberatung Steuerberater	50,00	
2. Büro/Laden		0,00
3. Neuanschaffung (bzw. vorhanden/gebraucht)		1.833,59
Büromöbel vorhanden, Restwert	600,00	
Transskriptionssystem für große Kassetten vorhanden, Restwert	64,00	
PC incl. Software, Restwert	400,00	
Transskriptionssystem für Mikrokassetten, gebraucht	30,00	
DSL-Anschluss 1 & 1 incl. Domain und Internettelefonie,	39,59	
Multifunktionsgerät gebraucht	100,00	
Laptop, gebraucht	400,00	
Erstausstattung Geschäftsunterlagen (Visitenkarten, Flyer, Briefpapier, Website)	200,00	
Zwischensummer (1. + 2. + 3.)		1.898,59
Davon nicht ausgabewirksam, da bereits vorhanden	1.133.59	
Davon ausgabewirksam	700,00	
4. Sicherheitsreserve (ca. 10 %)		190,00
Investitionsbedarf (1. + 2. + 3. + 4.)		2.088,59
12. Betriebsmittel zur Anlauffinanzierung (Liquiditätsreserve) in Höhe der monatlichen Betriebsausgaben für drei Monate, vgl. die folgende Tabelle		1.109,13
Gesamtkapitalbedarf (1. + 2. + 3. + 4. + 5.)		3.197,72

11.1.2. Betriebsmittelplan

Betriebsmittelplan (alle Angaben in Euro)		
1. Personalkosten ohne Unternehmerlohn		0
2. Sonstige Betriebsausgaben		
Büromiete	0,00	
Telefon/Internet	60,00	
Beiträge/Beratung/Versicherung	50,00	
Werbung/Repräsentation	16,60	
Geldverkehr	10,00	
Reisekosten	50,00	
Weiterbildung/Fachliteratur	9,50	
Bürobedarf	50,00	
Porto	20,00	
Sonstiges	20,00	
Instandhaltung Geräte, Maschinen (Wartung, Reparatur Ersatz)	50,00	
Zwischensumme: sonstige Betriebsausgaben	336,10	
Sicherheitspuffer (zehn Prozent)	33,61	
3. Zinsen		0
4. Abschreibung		0
Gesamtbetrag pro Monat: (1. + 2. + 3. + 4.)		369,71
Gesamtbetrag pro Jahr (zwölfmal Gesamtbetrag pro Monat)		4.436,52

11.3. Kostenplan

Kostenplan (alle Angaben in Euro)		
	Monat	Jahr
1. Personalkosten	0	0
2. Sonstige Betriebsausgaben		
Fixe Betriebsausgaben	369,71	4.436,52
Variable Betriebsausgaben/Wareneinsatz	0	0
3. Zinsen		0
4. Abschreibungen	0	0
5. Kalkulatorischer Unternehmerlohn*	1.250,00	15.000,00
Gesamtkosten (1. + 2. + 3. + 4. + 5)	1.619,71	19.436,52

11.4. Umsatz- und Rentabilitätsvorschau

Ab 01.09.2005 wird die Gründerin hauptberuflich dieses Unternehmen führen. Der erwartete Umsatz beträgt 2005: 5.500,00 €, 2006: 17.050,00 € und 2007: 19.000,00 €. Der Gewinn nach Steuern wird auf 2005: 4.549,60 €, 2006: 14.103,76 € und 2007: 15.716,80 € geschätzt.

Erwarteter Umsatz	2005	2006	2007
(brutto)	5.500,00 €	17.050,00 €	19.000,00
Gewinn nach Steuern*	4.549,60 €	14.103,76 €	15.716,80 €

*Da die Unternehmerin zu Beginn das Kleinunternehmerprivileg nach § 19 UStG nutzen wird und den Freibetrag für die Gewerbesteuer (24.500,00 € Gewinn) nicht überschreiten wird, fallen zu Beginn nur Einkommensteuer (je nach Gewinn 16 %-45 % bei einem Freibetrag von € 7.664,00 + Sonderausgaben, sprich Krankenkasse, Rentenversicherung) und Kirchensteuer (ca. 8 % der Einkommenssteuer) an.

11.5 Liquiditätsplan

Im Liquiditätsplan müssen Sie Ihre voraussichtlichen Einnahmen und Ausgaben einander gegenüberstellen. Am besten geeignet ist dafür eine Excel-Tabelle. Ich habe hier einfach eine leere Tabelle mit den für mich damals relevanten Posten eingefügt, in welcher Sie die entsprechenden Monate und Beträge noch ergänzen müssen.

	Januar	Februar	März	x	Gesamt
Einnahmen:					
Ausgaben:					
Kalk. Unternehmerlohn*					
Telefon/Internet					
Beiträge/Beratung/Versicherungen					
Werbung/Repräsentation					
Geldverkehr					
Reisekosten					
Weiterbildung/Fachliteratur					
Bürobedarf					
Investitionen					
Umsatzsteuer-Zahllast**					
Sonstiges					
Porto					
Gesamt					
Gewinn/Verlust					
Gewinn kumuliert					

*Zu diesem kalk. Unternehmerlohn kommt noch der Existenzgründungszuschuss der Agentur für Arbeit, der im ersten Jahr 600 Euro, im zweiten Jahr 360 Euro und im dritten Jahr 240 Euro monatlich beträgt. Im ersten Jahr wird von einem Unternehmerlohn von 1250 Euro ausgegangen. Ab dem zweiten Jahr soll dieser dann 1500 Euro betragen und ab dem dritten Jahr 2000 Euro. **Kleinunternehmerin nach § 19 UStG

ENDE MUSTER UNTERNEHMENSKONZEPT

Das Marketing

Auf der Website des Bundesministeriums für Wirtschaft und Technologie kann man hierzu lesen: „Im Fachbegriff "Marketing" steckt das Wort "Markt". "Marketing" bedeutet "Umgang mit Märkten" und umfasst alles, was den Absatz fördert. Es bezeichnet jedes unternehmerische Planen und Handeln, das sich am Markt orientiert. [...] Vielfach wird Marketing mit Werbung gleichgesetzt. Das ist falsch. Zwar gehört Werbung zum Marketing, doch erfolgreiches Marketing beginnt viel früher." (Quelle: Internetpräsenz des Bundesministeriums für Wirtschaft und Technologie, www.existenzgruender.de/selbstaendigkeit/vorbereitung/gruendungswissen /marketing/index.php, zugegriffen am 04.06.2012).

Zum Marketing gehört neben der Ausgestaltung der eigenen Dienstleistung in der Weise, dass ein besonderer Kundennutzen erkennbar wird, die Preisgestaltung, die Erreichbarkeit der Dienstleistung für den Kunden und die Kommunikation, die zum Ziel hat, dass das Unternehmen sich klar am Markt positioniert. Hierbei kommt dem Unternehmensauftritt eine zentrale Rolle zu, aber auch die Werbung ist ein wichtiger Aspekt. Die Presse- bzw. Öffentlichkeitsarbeit als Teil der Unternehmenskommunikation wird in der Fachliteratur zwar häufig von der Marketingkommunikation abgegrenzt, in diesem Kapitel wird sie jedoch nur angerissen und der Einfachheit halber hier subsumiert. Selbstverständlich spielt Online Marketing, insbesondere Social Media Marketing, heutzutage eine sehr bedeutende Rolle.

Als Kleinstunternehmen stehen Ihnen zwar nur geringe Kapazitäten und finanzielle Mittel zur Verfügung, aber trotzdem sollten Sie sich unbedingt intensiv mit dem Thema Marketing befassen und den optimalen Marketing-Mix für sich entwickeln. Neben zahlreichen Büchern gibt es auch im Internet viele nützliche Informationen, die Sie kostenlos abrufen können. Geben Sie einfach Begriffe wie „Marketing", „Marketing Mix", „Guerilla Marketing", „Social Media Marketing", „Marketing für Kleinunternehmen", „virales Marketing" „Marketing-Ideen", Marketing-Tipps" etc. in eine Suchmaschine ein und Sie erhalten eine Fülle an Hinweisen.

Der Unternehmensauftritt

Die Außendarstellung Ihres Unternehmens sollte sympathisch und positiv wirken, gleichzeitig sollte sie authentisch sein und sowohl zu Ihnen als Person als auch zu der von Ihnen angebotenen Dienstleistung passen. Bei Ein-Personen-Unternehmen halte ich es für sinnvoll, wenn die Schlüsselqualifikationen und Kernkompetenzen der Person, die das Unternehmen ausmacht, klar zu erkennen sind. Sämtliche Materialien sollten homogen gestaltet sein und die gleiche Botschaft übermitteln.

- **Tipp: Existenzgründerpakete.**

  Viele Dienstleister bieten die Erstellung von Logo, Geschäftsbriefpapier, Visitenkarten, Flyern und Website als Existenzgründerpaket an. Zwar ist dies natürlich mit Kosten verbunden, aber der professionellere Gesamteindruck kann sich schnell bezahlt machen. Kümmern Sie sich auf jeden Fall rechtzeitig um Ihren Unternehmensauftritt, damit spätestens zum Gründungszeitpunkt alles fertig ist.

Das Geschäftsbriefpapier

Das Geschäftsbriefpapier können Sie entweder selbst gestalten oder von einem professionellen Anbieter entwerfen lassen. Preisgünstiger und einfacher ist es in der Regel, wenn Sie sich eine Vorlage erstellen oder erstellen lassen, diese auf Ihrem Computer abspeichern und dann nach Bedarf verwenden. Die Erst- und Nachbestellung von Briefbögen bei einer Druckerei ist üblicherweise teurer und auch mit mehr Aufwand verbunden.

Wie bereits im Kapitel zur Wahl der Geschäftsbezeichnung erläutert wurde, empfehlen die Industrie- und Handelskammern trotz Aufhebung des § 15 GewO im März 2009 die bisherigen Pflichtangaben weiterhin in den Geschäftsbriefen aufzuführen. Deswegen sollten die Briefbögen bei Kleingewerbetreibenden mindestens einen ausgeschriebenen Vornamen, den Familiennamen und die ladungsfähige Anschrift enthalten. Zudem sollten die Geschäftsbezeichnung, sofern diese nicht identisch mit dem Namen ist, die

Kontaktdaten (E-Mail-Adresse, Telefon- und Faxnummer, wenn gewünscht die Handynummer) die Kontodaten und die Steuernummer bzw. die Umsatzsteuer-Identifikationsnummer enthalten sein.

Falls Sie ein Logo entworfen haben bzw. entwerfen ließen, können Sie dieses für das Briefpapier, die Visitenkarten, die Flyer und die Homepage nutzen. Wenn Sie kein eigenes Logo haben, können Sie eine hübsche Grafik einfügen. Achten Sie jedoch bei sämtlichen Materialien, die Sie verwenden, immer darauf keine Urheberrechte zu verletzen.

Exkurs: Das Geschäftskonto

Das Thema Geschäftskonto gehört nicht im eigentlichen Sinne zum Unternehmensauftritt, da an der Kontonummer normalerweise nicht ersichtlich ist, ob es sich um ein privates oder ein geschäftliches Konto handelt. Trotzdem soll es hier angeschnitten werden, da Sie diese Entscheidung treffen müssen, bevor Sie Ihr Geschäftsbriefpapier gestalten lassen. Es besteht meines Wissens keine gesetzliche Pflicht ein separates Geschäftskonto einzurichten, das Finanzamt verlangt nur, dass die Buchungen korrekt und nachvollziehbar sind, was mit einem Privatkonto ebenso möglich ist. Allerdings kann man mit einem separaten Konto private und geschäftliche Buchungen einfacher trennen, sprich zwei Konten sind übersichtlicher. Die Antwort auf die Frage, ob sich ein Geschäftskonto lohnt, hängt natürlich auch vom Geschäftsumfang ab.

➢ **Tipp: Online-Banking.**

Unabhängig davon, wie Sie sich diesbezüglich entscheiden, ist Online-Banking sehr nützlich für Ihre geschäftlichen Belange. Es ermöglicht Ihnen mehrmals täglich Ihren Kontostand abzurufen, Geldeingänge zu überprüfen und quasi zu jeder Tages- und Nachtzeit Überweisungen zu tätigen. Auf diese Weise sparen Sie nicht nur Wegzeiten, sondern sind stets über Ihre Kontoangelegenheiten auf dem aktuellsten Stand. Allerdings muss man sich dabei der Gefahren bewusst sein, die beim Online-Banking bestehen und für größtmögliche Sicherheit sorgen.

Die Visitenkarten

Visitenkarten sollten Sie grundsätzlich immer mit sich führen, damit Sie diese bei Bedarf überreichen können. Ihre Visitenkarten können Sie auch Briefen und Rechnungen beilegen, damit die Kunden stets Ihre Kontaktdaten zur Hand haben. Es gibt mittlerweile im Internet zahlreiche Anbieter, wo man kostenlos oder sehr günstig Visitenkarten selbst erstellen und drucken lassen kann. Googlen Sie einfach die Begriffe „Visitenkarten kostenlos", „Visitenkarten umsonst" oder „Visitenkarten gratis" und Sie werden gewiss ein Angebot finden, das Ihnen gefällt. Zum Thema Visitenkarten möchte ich noch erwähnen, dass in vielen Städten Visitenkartenpartys veranstaltet werden, wo man geschäftliche Kontakte knüpfen kann. Ein weiterführender Link dazu ist in den Link-Tipps aufgelistet.

Die Flyer

Sofern Ihre Spezialisierung oder Ihre Zielgruppe es erforderlich macht, dass sie vor Ort offline viel Werbung für Ihr Unternehmen betreiben, sind Flyer als Werbemittel sehr empfehlenswert. Auf den Flyern können Sie kurz und kompakt Ihr Unternehmen und Ihre Dienstleistung vorstellen, und zwar ausführlicher als auf den Visitenkarten, welche aus Platzgründen mehr oder minder nur Ihre Kontaktdaten enthalten können.

Die Flyer können Sie dort auslegen oder verteilen, wo Ihre Zielgruppe sich aufhält. Selbstverständlich müssen Sie vorher immer abklären, ob Sie das an der Stelle dürfen. Wenn Sie auf öffentlichen Plätzen Flyer verteilen möchten, benötigen Sie sowieso eine Genehmigung des Ordnungsamtes. Auf Privatgelände muss der Besitzer oder die Besitzerin um Erlaubnis gefragt werden. An Autos, Fahrrädern etc. sollten Sie prinzipiell keine Flyer anbringen, weil Sie sich damit unter Umständen Ärger und Kosten einhandeln können.

Falls Sie die Flyer bei Firmen oder Personen, bei denen Sie davon ausgehen, dass diese an Ihrem Angebot interessiert sein könnten, in den Briefkasten werfen, sollten Sie unbedingt darauf achten, dass Sie nur Briefkästen auswählen, auf denen nicht steht, dass Werbung unerwünscht ist. Eine weitere Möglichkeit Flyer an potenzielle Kunden zu übermitteln, ist die Übersendung auf dem Postweg, zusammen mit einem kleinen Anschreiben.

Die Website

Mit Abstand das wichtigste Instrument, um Ihr Unternehmen umfassend zu präsentieren und Kunden zu gewinnen, ist Ihre Website. Die meisten Personen recherchieren mittlerweile zuerst einmal im Internet nach einem Schreibbüro. Auch Interessenten, die anderweitig auf Ihr Angebot aufmerksam wurden, suchen in der Regel dort nach Zusatzinformationen, bevor sie mit Ihnen in Kontakt treten. Aus diesem Grund müssen Sie eine ansprechende Website haben, auf der übersichtlich alle für Ihre Zielgruppe wichtigen Informationen samt Kontaktdaten präsentiert werden.

Sehen Sie sich ruhig die Internetseiten der Konkurrenz an, um sich Anregungen zu holen. Selbstverständlich dürfen Sie nichts kopieren (Urheberrechtsverletzung), aber Sie können sich notieren, was Ihnen gut gefällt und was Sie auf jeden Fall anders gestalten möchten. Sofern ein Dienstleister die Website für Sie erstellt, tragen konkrete Angaben bezüglich Ihrer Wünsche dazu bei, dass die Internetpräsenz genau Ihren Vorstellungen entspricht.

Bei der Gestaltung sind rechtliche Aspekte zu beachten, zum Beispiel bezüglich des Impressums. Informieren Sie sich unbedingt darüber bzw. vergewissern Sie sich, dass die Person, die Ihre Homepage erstellt, sich damit auskennt, ansonsten können Ihnen teure Abmahnungen drohen. Wichtig ist auch, dass Ihre Website suchmaschinenoptimiert ist. Dies ist zwar ein sehr komplexes Thema, welches einen darüber hinaus auf Dauer begleitet, aber eine Auseinandersetzung damit lohnt sich nach meiner Erfahrung.

Zuerst müssen Sie sich jedoch Gedanken über den Domainnamen machen. Selbstverständlich dürfen Sie keinen Namen verwenden, der schon anderweitig vergeben ist. Es gibt im Internet verschiedene Möglichkeiten das zu prüfen (siehe Link-Tipps). Optimal ist es natürlich, wenn der Name des Unternehmens und der Domainname weitgehend identisch sind. Bereits bei der Wahl des Domainnamens können Kriterien der Suchmaschinenoptimierung berücksichtigt werden. Haben Sie sich für einen Domainnamen entschieden, müssen Sie diesen registrieren lassen. Dies können Sie über den Anbieter, bei dem Sie den Webspace für Ihre Domain anmieten möchten, tun. Die monatlichen Gebühren für das Webhosting sind sehr unterschiedlich, insofern lohnt sich eine gründliche Recherche.

- **Tipp: Pflegen Sie Ihre Website selbst.**

  Die eigene Pflege und Aktualisierung der Website hat den Vorteil, dass Sie jederzeit Änderungen daran vornehmen und diese sofort online stellen können. Dadurch sparen Sie nicht nur Wartezeiten, die Ihnen sonst entstehen würden, bis der Webdesigner Zeit hat sich darum zu kümmern, sondern auch die Kosten für seine Arbeit. Um die Website selbst zu überarbeiten und hochzuspielen, benötigen ein Webseiten-Bearbeitungsprogramm und ein FTP-Programm (File Transfer Protocol).

  Falls Sie sich nicht allein in die Materie einarbeiten möchten oder können, lassen Sie es sich von jemand aus Ihrem Umfeld zeigen, besuchen Sie einen Kurs oder sprechen Sie die Person an, die Ihre Website erstellt hat.

Die E-Mail-Adresse

Hosten Sie eine Domain bei einem Anbieter, haben Sie üblicherweise die Möglichkeit mit dem Domainnamen zusammenhängende E-Mail-Adressen einzurichten. Ihre geschäftliche E-Mail-Adresse sollte einen seriösen Eindruck vermitteln und möglichst den Namen Ihres Unternehmens beinhalten, falls dieser nicht zu lang ist. Mir persönlich gefällt es gut, wenn ein info@ oder ein email@ mit dem Unternehmensnamen verknüpft wird. Wie Sie an meiner E-Mail-Adresse sehen, habe ich mich dafür entschieden, es gibt jedoch viele andere Varianten.

Richten Sie sich gleich eine oder mehrere zusätzliche E-Mail-Adressen ein, um diese dann für Aktivitäten zu nutzen, wo Sie den Erhalt von Spam befürchten. Da Sie Ihr Schreibbüro aber unbedingt im Internet bekannt machen müssen, wird sich das Erhalten von unerwünschten E-Mails meiner Erfahrung nach leider nicht gänzlich vermeiden lassen.

Die Werbung

Damit Sie Aufträge erhalten, müssen die Menschen von Ihrer Dienstleistung erfahren. Henry Ford formulierte dies bekanntlich folgendermaßen: „Wer nicht wirbt, der stirbt“. Gerade zu Beginn der Selbstständigkeit müssen Sie massiv Werbung betreiben, um Kundschaft zu gewinnen. Es gibt heutzutage im Internet viele Möglichkeiten kostenlos Werbung zu schalten, so dass Sie auch mit geringem Werbebudget richtig durchstarten können. Allerdings sollten Sie beim Thema Werbung unbedingt beachten, dass unerwünschte Werbung nicht nur als Belästigung empfunden werden kann, sondern unter Umständen sogar strafbar sein kann.

Es gibt so unendlich viele Möglichkeiten der Werbung, dass hier nur ein kleiner Teil davon abgehandelt werden kann. Durch vertiefende Lektüre von Fachbüchern und gezielte Recherche im Internet können Sie sich wesentlich umfassender informieren und sich viele Anregungen und Ideen dafür holen.

Um den Erfolg Ihrer Werbemaßnahmen zu kontrollieren, können Sie bei den Kunden/Kundinnen abfragen, wie diese auf Ihr Angebot aufmerksam wurden. Dann können Sie beurteilen, welche Instrumente effektiv sind und was unter Umständen nur unnötige Kosten verursacht.

Möglichkeiten kostenloser Werbung

Mundpropaganda

Erzählen Sie in Ihrem gesamten Umfeld, dass Sie ein Schreibbüro gegründet haben (Familie, Freunde, Bekannte, ehemalige Arbeitskollegen, Sportverein, ehemalige Klassenkameraden, Personen, die Sie durch Ihre Hobbys kennen etc.) Informieren Sie insbesondere auch ehemalige Arbeitgeber, die eventuell als Kunden in Frage kommen würden, und Personen, die bei potenziellen Kunden arbeiten, darüber. Besuchen Sie ggf. auch Visitenkartenpartys und einen Existenzgründerstammtisch in Ihrer Region, um nützliche Kontakte zu knüpfen. Später werden Kunden/Kundinnen, die mit Ihrer Arbeit zufrieden waren, Sie sowieso weiterempfehlen und wieder für neue Aufträge sorgen.

Kostenlose Kleinanzeigen im Internet

Im Internet können Sie bei zahlreichen Anbietern kostenlose Kleinanzeigen schalten. Geben Sie einfach die Begriffe „kostenlose Kleinanzeigen“ „gratis inserieren“ „kostenlos Anzeigen schalten“ oder ähnliche Begriffe in eine Suchmaschine ein und Sie werden viele Möglichkeiten finden. Besonders empfehlenswert sind Annoncen, in denen Sie einen Link auf Ihre Website integrieren können. Bei manchen Kleinanzeigenmärkten muss man sich vorher registrieren, bei anderen kann man einfach so inserieren. Lesen Sie unbedingt vorher die AGB! Es gibt viele Anbieter, die das Inserieren privater Anzeigen kostenlos ermöglichen, für gewerbliche Anzeigen jedoch Geld verlangen. Ebenso ist bei einigen das Schalten von Anzeigen in bestimmten Rubriken kostenlos, in anderen hingegen kostenpflichtig.

Eintrag in den Gelben Seiten

Der Grundeintrag in den Gelben Seiten ist für Unternehmen kostenlos. Es dauert leider zwangsläufig bis zum Erscheinen der neuen Ausgabe, bis Sie darin zu finden sind. Sie können den Eintrag auch online (siehe Link-Tipps) erledigen, dann sind Sie zumindest im Internet in den Gelben Seiten auffindbar, was für Sie unter Umständen sogar noch wichtiger sein kann als in der gedruckten Ausgabe. Nachdem Sie sich eingetragen haben, werden Sie vermutlich angerufen, weil man Ihnen die kostenpflichtigen Optionen oder das Schalten von Werbung in den Gelben Seiten anbieten möchte. Für mich war beides nicht von Interesse, deswegen lehnte ich es ab.

- **Tipp: Achtung Abzocke.**

  Lesen Sie immer die AGB und prüfen Sie unbedingt, ob Sie auf der Website des richtigen Anbieters sind, bevor Sie einen solchen Eintrag vornehmen. Gerade in der letzten Zeit gab es vermehrt Berichte über Abzocke bei Branchenbucheinträgen. Die Handwerkskammer Reutlingen hat auf ihrer Homepage sehr gute Informationen darüber zusammengetragen (siehe Link-Tipps). Lesen Sie diesen und andere Beiträge zu dem Thema, wenn Sie vermeiden möchten auf Abzocke hereinzufallen.

Beiträge in Artikelverzeichnissen

Im Internet gibt es mittlerweile zahlreiche Artikelverzeichnisse, in denen man kostenlos Artikel aus unterschiedlichen Fachgebieten veröffentlichen kann. Es ist zum einen empfehlenswert dort fachliche Beiträge einzustellen, weil man so den Bekanntheitsgrad seines Unternehmens steigern kann, zum anderen ist es meistens möglich auf seine Website zu verweisen (siehe „Exkurs: Steigerung des PageRank™"). Inhaltlich müssen die Artikel natürlich für die eigene Zielgruppe interessant sein. Sofern man in mehreren Verzeichnissen Artikel einstellt, sollte man darauf achten, nicht jedes Mal den gleichen Text zu verwenden, sonst erzielt man unter Umständen den schädlichen Effekt, dass die Seite von den Suchmaschinen abgewertet wird. In den Link-Tipps finden Sie einen Hinweis zu Artikelverzeichnissen.

Pressemitteilungen online veröffentlichen

Pressemitteilungen sind für Unternehmen eine tolle Möglichkeit, um auf Ihre Dienstleistung aufmerksam zu machen. Insbesondere eine Neugründung oder ein spezielles Angebot kann hier von Interesse sein. Beim Erstellen von Pressemitteilungen sind jedoch einige Regeln zu beachten. In den Link-Tipps finden Sie einen Hinweis auf eine Website, auf der Sie nicht nur erfahren, wie Sie Pressemitteilungen verfassen, sondern auch wo Sie diese kostenlos online veröffentlichen können. Es gibt sehr viel mehr Möglichkeiten und Anbieter dafür, recherchieren Sie einfach mit dem Begriff „Pressemitteilungen kostenlos veröffentlichen" im Internet.

Exkurs: Steigerung des PageRank™

Sie sollten Ihre Website trotz der leider notwendigen Warnung vor Abzocke in allen seriösen Branchenverzeichnissen, Suchmaschinen, Webkatalogen, Artikelverzeichnissen, Presseportalen usw. eintragen, in denen dies kostenlos und ohne Backlinkpflicht möglich ist und Sie durch den Eintrag einen Link auf Ihre Website erhalten. Bei Google wird eine Website, auf welche viele Links verweisen, nämlich als wichtiger eingestuft und infolgedessen in den Suchergebnissen höher gelistet. Das heißt, die Relevanz Ihrer Website in den Suchergebnissen (PageRank™) wird dadurch erhöht.

Der Begriff PageRank™ setzt sich übrigens aus dem Nachnamen seines Erfinders, Lawrence Page, einem der Mitbegründer von Google, und dem englischen Wort „Rank", welches Rang bedeutet, zusammen. Dies nur zur Erläuterung, weil es vom Kontext her auch so verstanden werden könnte, dass es sich um eine Kombination der beiden Wörter „Page" (= Seite) und „Rank" (= Rang) handelt. Der PageRank™ wird jedoch nicht nur anhand der Anzahl der eingehenden Links gemessen, sondern es handelt sich um einen komplexen Algorithmus. An dieser Stelle möchte ich darauf nicht im Detail eingehen, sondern bei Ihnen ein Bewusstsein dafür schaffen, dass es vorteilhaft ist, wenn viele Links auf Ihre Website verweisen. Besonders gut sind hier Links von Seiten, die selbst einen hohen PageRank™ und zudem wenig ausgehende Links haben.

Da die meisten Personen für ihre Informationssuche im Internet die Suchmaschine Google nutzen, sollte man dort unbedingt gut gefunden werden. Sofern Sie unter dem Begriff, der Ihre Haupttätigkeit bezeichnet, bei Google auf der ersten Ergebnisseite landen, wird Ihre Homepage zumindest häufig aufgerufen. Ob Sie daraufhin Anfragen erhalten und daraus wiederum Aufträge entstehen, hängt natürlich von vielen weiteren Faktoren ab. Unter anderem davon, wie ansprechend die Internetseite gestaltet ist, von den Preisen, ob das Angebot dem Bedarf entspricht, ob der Erstkontakt per E-Mail oder Telefon mit Ihnen vertrauenerweckend war etc.

Erledigen Sie täglich nur einen derartigen Eintrag, haben Sie am Ende des Monats schon ca. 30 und nach zwei Monaten schon ca. 60 Einträge angelegt. Es ist ratsam sich für diese Einträge eine separate E-Mail-Adresse anzulegen, da von einigen Webkatalogen hinterher Werbemails an Sie versandt werden.

Der allerwichtigste Eintrag, den Sie unbedingt vornehmen sollten, ist natürlich der Eintrag bei Google selbst. Den Link mit der kostenlosen Eintragsmöglichkeit finden Sie bei den Link-Tipps. Außerdem habe ich dort noch eine Website aufgeführt, wo Sie überprüfen können, wo im Internet bereits auf Ihre Webseite verwiesen wird. Dies geschieht sogar unter Angabe des PageRank™ der entsprechenden und Ihrer eigenen Website, was natürlich besonders nützlich ist.

Werbung per E-Mail

Per E-Mail Werbung zu versenden ist zwar sehr verlockend, weil dies so gut wie nichts kostet und man die entsprechenden E-Mail-Adressen in der Regel auf der Website der potenziellen Interessenten findet. Hier sollte man jedoch sehr vorsichtig sein, weil das Zusenden von Werbe-E-Mails nur erlaubt ist, wenn man vorher die Zustimmung des Empfängers eingeholt hat. Weiterhin muss die E-Mail ein Impressum enthalten und es muss sich eine Austragungsmöglichkeit darin befinden. Versendet man hingegen unaufgefordert Werbe-E-Mails, kann man sich sogar strafbar machen, da dies als Spam gilt. Sofern ein Unternehmen durch eine Geschäftsbeziehung die E-Mail-Adresse erhalten hat und diese nutzt, um bei diesem Kunden für ähnliche Waren oder Dienstleistungen von sich zu werben, ist das ausnahmsweise erlaubt. Allerdings darf der Kunde dem nicht widersprochen haben und es muss unbedingt darauf hingewiesen werden, dass der Nutzung jederzeit widersprochen werden kann.

Werbung per Telefon

Genau wie die Werbung per E-Mail unterliegt auch die unaufgeforderte Werbung per Telefon strengen Regeln. Privatleute dürfen Sie mit Werbeanrufen gar nicht belästigen und Gewerbetreibende dürfen Sie nur dann anrufen, wenn tatsächlich ein konkreter Sachbezug zum Geschäftsbetrieb besteht oder der Angerufene vorher um Ihren Anruf gebeten bzw. ihm zumindest zugestimmt hat.

Werbung per Brief

Auch bei Werbebriefen sind rechtliche Aspekte zu beachten. Die Herkunft von angemieteten Adressen muss zum Beispiel erkennbar sein. Auch sollte man sich die Zustimmung einholen, seine Kunden per Post anschreiben zu dürfen. Im Vergleich zum Telefonmarketing ist bei Briefen jedoch mehr möglich. Die IHK Lahn-Dill hat auf Ihrer Website zum Thema Wettbewerbsrecht bezüglich Werbung per Telefon, Fax, E-Mail, SMS oder Brief ein gutes Merkblatt publiziert. Den entsprechenden Link finden Sie in den Link-Tipps.

Redaktionelle Beiträge

Aus presserechtlichen Gründen müssen Wirtschaftswerbung und redaktionelle Berichterstattung getrennt werden, deswegen kann man redaktionelle Beiträge nicht zur „klassischen Werbung" zählen. Da solche Artikel jedoch viele Menschen auf Ihr Unternehmen und Ihre Dienstleistung aufmerksam machen, führen sie meistens dazu, dass nach der Berichterstattung Anfragen von interessierten Personen kommen. Zeitungen, Zeitschriften und kostenlose Anzeigenblätter veröffentlichen gelegentlich redaktionelle Beiträge über neu gegründete Unternehmen oder über eine spezielle Dienstleistung, wenn es gerade thematisch gut in die entsprechende Ausgabe passt oder die Angelegenheit für die Leserschaft von Interesse ist.

In Bremen gibt es zum Beispiel ein kostenloses Veranstaltungsverzeichnis namens „Mix", das monatlich erscheint. Im „Mix" gibt es Veranstaltungstipps, Werbeanzeigen und Artikel aus den verschiedensten Gebieten. In jeder Ausgabe werden auch einige in Bremen neu gegründete Unternehmen kurz vorgestellt. Das hatte ich gesehen, dort nachgefragt und einige Monate nach meiner Gründung waren dann Kapazitäten frei meinen Schreibdienst dort zu präsentieren.

Prüfen Sie bei sämtlichen Zeitungen, Anzeigenblättern, Zeitschriften und Heftchen, die Ihnen in die Finger kommen, ob das ein geeignetes Medium für Sie sein könnte. Die Kontaktdaten der Redaktion finden Sie entweder im Impressum oder online. Erkundigen Sie sich dort einfach, ob bezüglich einer Berichterstattung Interesse besteht. Die Gründung eines Schreibbüros ist zwar nichts, was so wahnsinnig außergewöhnlich ist, aber vielleicht gibt es ja besondere Begleitumstände bei Ihnen, die Ihre Geschichte für andere Menschen lesenswert macht. Aus eingangs erwähnten Gründen ist es nicht zulässig, wenn Ihnen angeboten wird einen redaktionellen Beitrag über Sie bzw. Ihr Unternehmen zu veröffentlichen, wenn Sie dafür kostenpflichtige Anzeigen schalten.

Auch in der Online-Welt gibt es viele Möglichkeiten in Online-Zeitungen, Blogs etc. im Rahmen eines Artikels erwähnt zu werden, wenn Ihre Geschichte gut in den Kontext passt.

Kostenpflichtige Werbung

Kleinanzeigen in Zeitungen, Zeitschriften, Anzeigenblättern

Gerade zu Beginn der Selbstständigkeit, wenn Ihre Website in den Suchergebnissen noch nicht so weit oben platziert ist, Ihr Eintrag noch nicht in der gedruckten Ausgabe der Gelben Seiten zu finden ist und Sie noch keine Stammkundschaft haben, kann auch die Schaltung von Werbeanzeigen in Zeitungen und/oder Zeitschriften Sinn machen. Zwar werden Sie als Schreibbüro mittels Internet und moderner Technologie voraussichtlich bundesweit arbeiten, sofern Sie sich nicht auf einen mobilen Schreibservice vor Ort spezialisiert haben, aber das sollte Sie nicht davon abhalten Ihre Dienstleistung auch in Ihrer Region bekannt zu machen. Erkundigen Sie sich bei den Zeitungen und Zeitschriften, in denen Ihnen eine Anzeige sinnvoll erscheint, nach den Preisen für ein Inserat. Selbstverständlich ist auch eine Anzeigenschaltung in anderen Regionen eine Überlegung wert, mittlerweile kann man die Anzeigen oft bequem vom eigenen Computer aus aufgeben.

Google-AdWords

Mit Sicherheit nutzen Sie die Suchmaschine Google sehr häufig und kennen somit die kleinen Werbeanzeigen, die direkt neben den Suchergebnissen angezeigt werden. Diese Anzeigen sind auch auf vielen Webseiten integriert, deren Betreiber daran verdienen, wenn ein Interessent auf die Anzeigen klickt. Google-Anzeigen sind eine effektive und kostengünstige Möglichkeit, potenzielle Kunden auf Ihr Angebot aufmerksam zu machen. Das Google AdWords-Konto können Sie genau Ihren Bedürfnissen und Ihrem Werbebudget anpassen. Sie können sich entweder für einen Cost-per-Click (CPC) oder Cost-per-Impression-(CPM-) entscheiden. Zudem haben Sie die Möglichkeit ein Tagesbudget festzulegen. Weiterhin können Sie bestimmen, in welchen Regionen die Anzeige erscheint oder zu welchen Zeiten. Es sind weder ein monatlicher Mindestumsatz noch eine zeitliche Verpflichtung erforderlich. Für die Einrichtung Ihres Kontos wird nur eine geringe Gebühr fällig. Die Anzeigen sind einfach zu erstellen und bei Bedarf leicht wieder abzuändern. Über die genaue Vorgehensweise informieren Sie sich bitte auf der entsprechenden Website (siehe Link-Tipps) oder in Büchern zum Thema (siehe Literaturliste).

Social Media Marketing

Cornelia Geißler schreibt in ihrem Artikel „Was sind Social Media?", der am 31.08.2010 im Heft 9/2010 des Harvard Business Managers veröffentlicht wurde: „Social Media sind alle Medien (Plattformen), die diese Internetnutzer verwenden, um zu kommunizieren. Ein zentrales Merkmal von Social Media ist Interaktivität. Das deutsche Synonym ist wohl "Mitmachmedien", auch wenn sich dieser Begriff nicht durchgesetzt hat." (Quelle: www.harvardbusinessmanager.de/heft/artikel/a-721549.html, Heft 9/2010: Service 2.0, 31.08.2010, zugegriffen am 04.06.2012).

Mittlerweile gibt es so unglaublich viele soziale Medien, dass ich hier einfach nur eine sehr kleine Auswahl, nämlich Facebook, Xing, Google+, LinkedIn, Twitter und YouTube erwähnen möchte. Facebook hat aktuell (Juni 2012) weltweit etwas mehr als 900 Millionen Nutzerinnen und Nutzer. Die Zahl macht deutlich welches Umsatzpotenzial an dieser Stelle vorhanden ist. Deswegen sollten Sie sich mit Social Media Marketing befassen und sich überlegen, welche Plattformen und Netzwerke Sie nutzen möchten. Wobei die Maxime bei einer solchen Nutzung von dem Autor des Buches „Erfolgreiches Social Media Marketing mit Facebook, Twitter, Xing & Co." sehr gut auf den Punkt gebracht wurde, nämlich mit dem Satz: „Es geht bei sozialen Medien immer um Menschen – schaffen Sie für diese einen Mehrwert, und Sie sind auf dem richtigen Weg!" (ebenda, S. 8)

In meinem Buch wird exemplarisch das Business Network Xing herausgegriffen, weil ich es aus eigener Erfahrung kenne und es zudem für Sie als Schreibdienstleisterin am geeignetsten finde. Was andere sozialen Netzwerke angeht, erhalten Sie im Literaturverzeichnis noch Tipps, wo Sie das Thema vertiefen können. Besonders umfassend wird es in dem Buch von Reto Stuber abgehandelt, aus welchem ich eben schon zitierte. In den Download-Links ist ein Hinweis aufgeführt, wo Sie sich ein aktuelles, kostenloses eBook über Google+ herunterladen können. Außerdem gibt es in den meisten sozialen Netzwerken Mitglieder, die entweder in Form von Video-Tutorials, eBooks, Webinaren oder auf andere Weise erklären, wie man das entsprechende Netzwerk am effektivsten nutzen kann.

Das Business Network Xing

Xing hat gemäß eigenen Angaben im Moment (Juni 2012) über 12 Millionen Mitglieder, die sich in ca. 50.000 Expertengruppen austauschen. Es gibt eine kostenlose Basis-Mitgliedschaft und eine Premium-Mitgliedschaft, die derzeit € 5,95 im Monat kostet, wenn man sie für eine Laufzeit von einem Jahr abschließt. Man kann als Basis-Mitglied Kontaktanfragen an andere Mitglieder richten, selbst Kontaktanfragen erhalten und bestätigen bzw. ablehnen, Gruppen beitreten und dort Beiträge lesen und verfassen, aber persönliche Nachrichten an andere Mitglieder kann man nur schreiben, wenn man Premium-Mitglied ist.

Noch am Tag meiner Registrierung entschied ich mich für die Premium-Mitgliedschaft, weil ich in der Lage sein wollte anderen Mitgliedern Nachrichten zu senden. Außerdem kann man als Premium-Mitglied wesentlich mehr Suchfunktionen nutzen, zudem wird auch keine Werbung eingeblendet. Melden Sie sich doch einfach im Rahmen einer kostenlosen Basis-Mitgliedschaft bei Xing an und prüfen Sie, ob das Netzwerk Ihnen gefällt und für Ihre Bedürfnisse geeignet ist. Sollten Sie feststellen, dass dies der Fall ist, wovon ich ausgehe, können Sie problemlos zur Premium-Mitgliedschaft wechseln.

Entscheiden Sie sich für eine Premium-Mitgliedschaft, macht dies umso mehr Sinn, je intensiver Sie Xing nutzen. Wenn Sie nur ein äußerst rudimentäres Profil anlegen und selbst nicht aktiv werden, können Sie sich die Zeit für die Anmeldung und den Beitrag für die Mitgliedschaft allerdings sparen. Es lohnt sich nur, wenn Sie aktiv netzwerken, Gruppen beitreten, die Ihren Tätigkeiten und Interessen entsprechen, auf Fragen antworten, selbst Beiträge verfassen, andere von Ihrem Know-how profitieren lassen etc.

Persönlich finde ich das geballte Expertenwissen, auf welches man bei Xing ganz unkompliziert Zugriff hat, wirklich beeindruckend. Aus den Antworten auf Fragen anderer Mitglieder kann man bereits viel erfahren. Postet man selbst eine spezielle Frage, erhält man üblicherweise kompetente Antworten von Fachleuten.

Personen, die ein Schreibbüro betreiben, können zum Beispiel den Gruppen „Schreibdienste – Service am Kunden“, „MeinSchreibservice.de“, „Bürodienstleistungen“, „Büromanagement“, „Büroservice und Co.“ beitreten, in denen teilweise auch Foren für Aufträge und Jobs oder Kooperationsanfragen existieren. Besonders ans Herz legen möchte ich Ihnen auch die Gruppe „Gründer und Selbstständige“. Dort können Sie zu vielen Aspekten der Existenzgründung und Selbstständigkeit relevante Beiträge lesen. Sie werden jedoch mit Sicherheit noch viele weitere Gruppen finden, die für Sie hilfreich oder interessant sind. Selbstverständlich ist auch die Mitgliedschaft in der Gruppe „Aufträge & Kundengewinnung, Selbstständigkeit & Wirtschaft, Ideen & Kontakte“ oder ähnlichen Gruppen nützlich.

Zwei wichtige Hinweise noch bevor Sie durchstarten. Wenn man einer Gruppe beitritt kann man in den Einstellungen den Newsletter und die Einladungen zu Events abbestellen. Dies habe ich in den meisten Gruppen, in denen ich Mitglied bin, auch getan, weil man sonst der Informationsflut nicht mehr Herr wird. Außerdem kann man auswählen, ob eigene Beiträge in Ergebnissen von Suchmaschinen auftauchen sollen. Hier habe ich mich dagegen entschieden, weil ich nicht möchte, dass jeder weiß, mit welchen fachlichen Details ich mich gerade beschäftige. Das sind nach meiner Auffassung die beiden wichtigsten Entscheidungen in dem Kontext, alles Weitere können Sie von Experten lernen.

Es gibt mittlerweile sowohl Online (Blogs, Websites, Foren etc.) als auch Offline (Bücher, Zeitschriften) zahlreiche Veröffentlichungen über Xing. So hat zum Beispiel Andreas Lutz, der mit den Themen seiner Sachbücher aus dem Bereich der Existenzgründung stets nah am Puls der Zeit ist, zusammen mit Joachim Rumohr, der laut seinem Xing-Profil „Deutschlands Xing-Experte Nr. 1“ ist, ein Buch darüber geschrieben (siehe Literaturverzeichnis). Kurz nach meiner eigenen Registrierung bei Xing lud ich mir ein kostenloses Xing-Seminar herunter, welches das Xing-Mitglied Torsten Maue als PDF zur Verfügung stellt (siehe Download-Links). Herr Maue war so freundlich einer Erwähnung an dieser Stelle auch für die 3. Auflage wieder zuzustimmen, so dass ich diesen Tipp an Sie weitergeben kann. Zudem bieten einige Xing-Mitglieder Webinare zur optimalen Nutzung von Xing an.

Ich selbst habe über Xing schon einige Anfragen erhalten. Was aber noch viel wichtiger für mich ist, dass ich mich hier mit Kooperationspartnerinnen vernetzen konnte. Sofern die Leute ihr Profil anständig anlegen, kann man daraus viel mehr entnehmen, als aus der Website der Personen, falls sie überhaupt eine haben. Das heißt, man gewinnt eine gute Orientierung, wer welche Dienstleistung anbietet und mit welchen Anliegen man sich am besten an sie oder ihn wenden kann.

- **Tipp: Unternehmensprofil bei Xing.**

  Übrigens kann man bei Xing auch ein Unternehmensprofil anlegen. Xing bietet hierbei drei Varianten, nämlich Basis, Standard und Plus, wobei nur das Basis-Unternehmensprofil kostenlos ist.

Hilfestellung bei der Akquise der ersten Aufträge

Sollten Sie zu Beginn Ihrer Selbstständigkeit noch keine eigenen Kunden haben, können Sie bei anderen Schreibbüros nachfragen, ob dort gerade Unterstützung benötigt wird. Um Ihnen die Akquise der ersten Aufträge zu erleichtern, habe ich bei einigen Schreibbüros und anderen Unternehmen/Firmen, die regelmäßig Bedarf haben, nachgefragt, ob ich sie in meinem Buch auflisten darf.

Bevor Sie sich jedoch mit ihnen in Verbindung setzen, sollten Sie sich vergewissern, ob Sie auch alle Voraussetzungen für die Tätigkeit erfüllen, sonst ist es für die betreffenden Personen mit viel unnötiger Arbeit verbunden. Deswegen werden hier absichtlich nur die Bezeichnungen und die Internetadressen aufgeführt, im Bedarfsfall können Anschriften, E-Mail-Adressen, Telefonnummern etc. auf der jeweiligen Website von Ihnen recherchiert werden. Auf diese Weise wird gewährleistet, dass Interessentinnen und Interessenten sich erst einmal mit den erforderlichen Qualifikationen befassen, bevor sie jemand Zeit mit unnötigen Fragen stehlen, wo die Antworten bereits auf der Website zu finden sind.

Die Grundvoraussetzung bei allen ist natürlich, dass man sowohl über das Equipment als auch das Know-how verfügt, um Audiodateien am eigenen Computer zu bearbeiten und die erstellten Dokumente online zu übermitteln. Es versteht sich von selbst, dass die Arbeit von guter Qualität sein muss und die Termine eingehalten werden müssen. Ansonsten werden je nach Spezialisierung unterschiedliche Kenntnisse und Fertigkeiten vorausgesetzt, die genannt werden.

Nach der Erledigung des Auftrages stellen Sie eine Rechnung aus, genau wie Sie dies bei anderen Kunden auch tun müssen.

Um zu verhindern, dass die betreffenden Unternehmen/Firmen mit unqualifizierten Anfragen überhäuft werden, wird ausdrücklich untersagt diese Liste zu kopieren und on- oder offline an anderer Stelle zu publizieren oder sonstigen Missbrauch damit zu treiben!

DIE FISCHER – Office Management & Schreibservice
Internet: www.die-fischer.de und www.schreibservice-fischer.de

DIE FISCHER – Office Management & Schreibservice bietet einen umfangreichen Service an, dementsprechend vielfältig sind die Möglichkeiten, dort Tätigkeiten zu übernehmen. Voraussetzungen für die Mitarbeit im Schreibbüro sind hohe Anschlagszahlen, perfektes Deutsch, auch perfektes Englisch und weitere Fremdsprachen. Erfahrungen im Patentwesen wären sehr nützlich, da es sich bei der Mehrzahl der Kunden um Patentanwaltskanzleien handelt. Auf der Website www.die-fischer.de finden Sie unter dem Menüpunkt „Für Bewerber" Informationen und die Möglichkeit, ein Bewerbungsformular downzuloaden sowie einen Menüpunkt „Offene Stellen", der für Sie von Interesse ist.

dr. dresing & pehl GmbH
Internet: www.audiotranskription.de

Jeder, der sich mit Audiotranskription befasst, wird früher oder später auf dieser Website landen. Dort erhält man nämlich nicht nur sehr umfassende Informationen rund um das ganze Thema, sondern kann auch einiges an Equipment erstehen bzw. sich Transkriptionssoftware herunterladen. Zudem wird ein Transkriptionsservice für qualitative Interviews sowohl nach wissenschaftlichen Transkriptionsregeln als auch einfachere Transkriptionen angeboten. Sofern Sie dies gut beherrschen, können Sie sich erkundigen, ob Bedarf besteht.

MediScriptum
Internet: www.mediscriptum.de

Wie Sie am Namen schon sehen, werden hier vorwiegend medizinische Schreibarbeiten (Arztbriefe, Befunde, Epikrisen, OP-Berichte usw.) übernommen, insofern ist die Beherrschung der medizinischen Terminologie unabdingbar. Außerdem sollten Sie über sehr gute Deutschkenntnisse verfügen und flexibel arbeiten können, ggf. auch am Wochenende und abends. Sofern Sie diese Kriterien erfüllen, können Sie bei Frau Kodsi nachfragen, ob sie gerade Unterstützung benötigt.

mein-virtuellerassistent.com
Internet: www.mein-virtuellerassistent.com

Herr Miranda bietet das im amerikanischen Raum bereits erfolgreiche Konzept der virtuellen Assistenz auch in Deutschland an. Die Mission, die er auf der Website postuliert, lautet: „Vielbeschäftigten Menschen lästige und zeitfressende Arbeiten abnehmen, damit sie mehr Zeit fürs Wesentliche haben.“ In diesem Zusammenhang hat er laufend Bedarf an qualifizierten Kräften, die auf selbstständiger Basis Aufträge übernehmen. Da es sich sowohl um private als auch um geschäftliche Assistenzen handelt, sind die Aufgaben sehr vielfältig und interessant. Grundvoraussetzung für eine Kooperation ist Deutsch als Muttersprache. Selbstverständlich müssen Sie internetaffin sein, sehr gut mit dem Computer umgehen können, absolut zuverlässig sein etc. Die genauen Anforderungen können Sie auf der Website unter dem Menüpunkt „Jobs“ nachlesen. Dort finden Sie auch die Kontaktdaten.

MeinSchreibservice.de
www.meinschreibservice.de

Unter dem Menüpunkt „Karriere“ können Sie die Voraussetzungen für eine Mitarbeit vom Home-Office aus einsehen. Dort werden perfekte Zeichensetzung, das Beherrschen der neuen deutschen Rechtschreibung und der DIN 5008, entsprechende Schreibgeschwindigkeit, Bereitschaft abends, an Wochenenden und/oder Feiertagen zu arbeiten, absolute Zuverlässigkeit und gute Kenntnisse von MS-Office verlangt. Falls Sie sich dafür interessieren, müssen Sie erst eine Probedatei tippen, bevor Sie in den Schreibpool aufgenommen werden.

AlsterText KG
www.alstertext.de

Alster Text KG ist laut Website europaweiter Marktführer unter den medizinischen Schreibbüros. Unter dem Menüpunkt „Jobs & Karriere“ können Sie die Voraussetzungen für eine Mitarbeit nachlesen und sich bewerben. Damit Sie eine Chance haben, müssen Sie unbedingt über ausreichende Erfahrung als medizinische Schreibkraft verfügen.

Dies ist nur eine kleine Auswahl, falls dort gerade nirgends Bedarf besteht, sehen Sie sich einfach selbst die Internetseiten von großen Schreibbüros und Anbietern von virtueller Assistenz unter dem Gesichtspunkt an, ob dort Unterstützung gesucht wird. Ferner können Sie bei Xing in den Profilen sämtlicher Schreibbüros unter „Ich suche" nachsehen, wer noch Hilfe braucht oder ob in den Foren der Gruppen aktuell jemand Entlastung sucht.

Außerdem gibt es noch Portale im Internet wie zum Beispiel www.machdudas.de oder www.fernarbeit.net, wo Aufträge vergeben werden. Falls Sie sich bei einem solchen Portal anmelden, müssen Sie selbstverständlich auch für diese Aufträge Rechnungen schreiben und die Einnahmen korrekt versteuern. Soweit ich das bei machdudas gesehen habe, handelt es sich hier um ziemlich niedrige Bezahlungen. Es ist insofern wohl eher für den Anfang geeignet, wenn man noch Erfahrungen in verschiedenen Tätigkeiten sammeln will, an seiner Schnelligkeit arbeiten möchte etc. Falls man auf Dauer beabsichtigt zu derartig niedrigen Preisen zu arbeiten, wird man sich keine tragfähige Existenz ausbauen können und sich zudem die Gesundheit ruinieren, weil man mehr schuften muss, als körperlich auszuhalten ist.

Zudem kann man Stellenanzeigen lesen und bei passenden Angeboten dann seine Dienstleistung vorstellen. Oft denken die Inserenten gar nicht daran, dass sie viele Arbeiten auch an externe Dienstleisterinnen vergeben könnten, was viel günstiger sein kann, als jemand einzustellen.

Öffentliche Auftraggeber müssen Ihre Aufträge per Ausschreibungen vergeben. Es lohnt sich demzufolge im Internet nach entsprechenden Ausschreibungen zu recherchieren. Die Unterlagen, die man dabei ausfüllen muss, können mehr oder weniger umfangreich und kompliziert sein. Es lohnt sich jedoch unbedingt an solchen Ausschreibungen teilzunehmen, auch wenn vielleicht nicht gleich die erste Teilnahme mit Erfolg gekrönt ist. Man lernt zumindest, wie man die Sache abwickelt, kann es beim nächsten Mal besser machen und erhält dann vielleicht den Auftrag. Es geht hierbei oft um umfangreiche Arbeiten, die sich über längere Zeiträume hinziehen können und die dementsprechend lukrativ sind. Hat man erfolgreich an Ausschreibungen teilgenommen und die Aufträge zur Zufriedenheit erledigt, wird man später von dem Auftraggeber häufig darauf hingewiesen, wenn es neue Ausschreibungen dort gibt oder die Unterlagen werden einem gleich zugesandt.

Exkurs: Scheinselbstständigkeit.

Gerade zu Beginn, wenn man vielleicht noch keine eigenen Kunden hat und ein anderer Dienstleister zum Hauptauftraggeber wird oder man über längere Zeit vielleicht nur einen großen Kunden hat, macht man sich unter Umständen Sorgen, ob man nicht als scheinselbstständig gilt.

Prinzipiell kann es kritisch werden, wenn mindestens fünf Sechstel des Umsatzes von einem Auftraggeber stammen. Allerdings gibt es für Existenzgründer in den ersten drei Jahren hier Ausnahmen, sofern man sich auch um andere Aufträge bemüht hat. Ist man jedoch weisungsgebunden, was Ort und Zeit der Tätigkeit betrifft oder übernimmt für einen ehemaligen Arbeitgeber Jobs, die man bereits als festangestellte Mitarbeiterin übernommen hat, ist es wirklich grenzwertig.

Die Feststellung einer Scheinselbstständigkeit kann weitreichende sozialversicherungsrechtliche, arbeitsrechtliche, steuerrechtliche und gewerberechtliche Konsequenzen haben. Zur Scheinselbständigkeit hat die IHK Berlin ein sehr gutes Merkblatt herausgegeben, welches Sie unbedingt lesen sollten, um diesbezüglich Bescheid zu wissen (siehe Link-Tipps).

Geschäftskorrespondenz

Die Anfrage

Erhalten Sie per E-Mail, Fax, Post oder telefonisch eine Anfrage, müssen Sie sämtliche Angaben in Erfahrung bringen, die Sie benötigen, um ein Angebot zu erstellen. Sie müssen abklären welche Dienstleistung in welchem Umfang erbracht werden soll, welcher Liefertermin gewünscht wird, wie geliefert werden soll (zum Beispiel per Post als Ausdruck, auf CD oder USB-Stick, ob als Einschreiben oder normale Postsendung, per Kurier oder einfach als Word-Dokument per E-Mail), welche Formatvorgaben zu beachten sind, welche Qualitätsanforderungen eingehalten werden müssen, bis wann das Angebot in welcher Form abgegeben werden muss etc.

Auf sämtliche Anfragen sollten Sie schnell reagieren, rufen Sie deswegen regelmäßig Ihre E-Mails ab und setzen Sie sich umgehend mit den anfragenden Personen in Verbindung. Falls Sie gerade überhaupt keine Zeit haben, schicken Sie eine kurze E-Mail, in der Sie darüber informieren, dass Sie die Anfrage gesehen haben und wann Sie sich melden werden.

Das Angebot

Nehmen Sie im Angebot auf, was zwischen Ihnen und den Kunden vereinbart wurde. Ein Angebot sollte den Absender, den Empfänger, eine Angebots-Nr., das Datum, die Art, Beschaffenheit und Qualität der Leistung, den Leistungsumfang, den Preis, die Mehrwertsteuer (oder den Hinweis auf die Umsatzsteuerbefreiung), die Liefer- und Zahlungsbedingungen enthalten. Zudem sollte sich ein Dank für die Anfrage, die Grußformel und Ihre Unterschrift darunter befinden.

Gemäß § 145 BGB ist ein Angebot bindend, Sie müssen die Leistung also zu den beschriebenen Konditionen erbringen, sofern der Kunde das Angebot annimmt. Möchte man die Bindung an ein Angebot vermeiden, so kann man ein freibleibendes Angebot abgeben. Zu diesem Zweck müssen Formulierungen wie „freibleibend“ oder „unverbindlich“ aufgenommen werden.

Prinzipiell kann ein Angebot formlos abgegeben werden und auch mündlich oder telefonisch erfolgen. In der Praxis ist häufig der Fall, dass man im Telefonat schon sämtliche Punkte abklärt und sich einigt. Vielen Kunden reicht das auch aus und sie verlangen kein schriftliches Angebot. Man sollte trotzdem alles noch mal festhalten und sich die vereinbarten Konditionen von Kundenseite wenigstens per E-Mail bestätigen lassen, damit man bei Unstimmigkeiten darauf verweisen kann.

Die Annahme des Angebots

Verträge kommen durch ein bindendes Angebot und dessen Annahme wirksam zustande, wobei Inhalt und Form des Vertrages von den Vertragsparteien selbst bestimmt werden kann. Die Kunden müssen sich also mit dem Angebot einverstanden erklären, wobei die Schriftform für Sie günstiger ist, weil die mündlich Einverständniserklärung im schwieriger nachzuweisen ist.

Die Auftragsbestätigung

Daraufhin übermitteln Sie in der Regel eine Auftragsbestätigung, mit der Sie bestätigen, dass Sie den Auftrag zu den vereinbarten Konditionen ausführen werden. In der Auftragsbestätigung listen Sie auf, was Sie im Angebot bereits stehen hatten, allerdings steht statt „Angebot“ nun „Auftragsbestätigung“ über dem Schreiben und statt „folgendes Angebot wird unterbreitet“ kann sich ein Passus „folgender Auftrag wird ausgeführt“ darin befinden.

Die Rechnung

In der Rechnung müssen Ihre Anschrift und die des Kunden stehen, Ihre Steuernummer bzw. die Umsatzsteuer-Identifikationsnummer, Ihre Kontodaten, eine fortlaufende Rechnungsnummer, das Datum der Rechnungsstellung, die Bezeichnung der Leistung, Lieferdatum bzw. Leistungszeitraum und der Gesamtpreis. Außerdem muss die Umsatzsteuer darauf ausgewiesen werden, falls Sie nicht das Kleinunternehmerprivileg in Anspruch nehmen. In dem Fall müssen Sie dies mit einem entsprechender Vermerk, wie zum Beispiel: "Diese Rechnung ist umsatzsteuerbefreit gemäß § 19 (1) UStG", deutlich machen. Es ist natürlich in Ihrem ureigensten Interesse Rechnungen unverzüglich nach der Leistungserbringung auszustellen und abzusenden.

Die Mahnung bzw. Zahlungserinnerung

Sollten die Kunden sich mit der Zahlung Zeit lassen, können Sie zuerst einmal freundlich per Telefon oder E-Mail nachhaken. Oft gibt es ganz einfache Erklärungen für Zahlungsverzögerungen und Kunden reagieren auf Mahnungen leicht mit Verärgerung. Bleibt die Zahlung jedoch aus, müssen Sie Maßnahmen ergreifen, damit Sie Ihr Geld noch erhalten. Bis zum 1. Mai 2000 musste eine Mahnung geschrieben werden, damit Schuldner in Verzug gerieten. Verzug trat ein, wenn der Betrag bei Fälligkeit nicht gezahlt und auf die Mahnung nicht reagiert wurde. Seit Inkrafttreten des Gesetzes zur Beschleunigung fälliger Zahlungen gerät man automatisch in Verzug, wenn 30 Tage nach Fälligkeit und Zugang einer Rechnung oder einer gleichwertigen Zahlungsaufforderung nicht gezahlt wurde. Bei den Link-Tipps finden Sie einen Hinweis auf einen Artikel im MittelstandsWiki, der thematisiert, wie man offene Forderungen eintreiben kann.

Erfahrungsberichte

Da es immer interessant ist, was andere Personen zu berichten haben, bat ich einige Frauen ihre Erfahrungen bezüglich der Gründung eines Schreibbüros zu schildern. Hierzu entwickelte ich einen kleinen Fragebogen, den ich den Frauen mit der Bitte übermittelte, entweder die Fragen zu beantworten oder anhand der Fragen einen Erfahrungsbericht zu schreiben. Manche haben einfach nur knapp die entsprechenden Fragen des Fragebogens beantwortet, die auf sie zutrafen. Ich habe mir erlaubt, die Fragen, die nicht beantwortet wurden, zu löschen, weil das sonst nur irritiert. Andere Frauen haben einen kürzeren oder längeren Erfahrungsbericht verfasst. Ich denke, Sie werden jeden Fall davon profitieren, die Ergebnisse zu lesen.

Verkaufen Sie sich nicht unter Wert.

Wann haben Sie gegründet?
2005.

Haben Sie ein oder mehrere Existenzgründungseminare besucht?
Ein Seminar.

Wie alt waren Sie bei der Gründung?
27.

Haben Sie eine Förderung in Anspruch genommen oder gab es sonstige Unterstützung?
Nein.

Möchten Sie etwas über Ihre damalige Situation erzählen?
Die Gründung ist aus der Elternzeit heraus entstanden.

Was waren Ihre Motive für die Gründung?
Das Motiv war eigentlich, mein eigener Chef zu sein und nicht mehr weisungsgebunden arbeiten zu müssen.

Welche Ängste hatten Sie und welche Hoffnungen verbanden Sie mit der Existenzgründung?
Keine Ängste, da Mann voll verdient. Hoffnung war einfach, nicht nur Mutter zu sein und erfolgreich etwas „selbst auf die Beine zu stellen“.

Wurden Ihre Hoffnungen erfüllt?
Ja, am Anfang schleppend, aber jetzt immer mehr.

Haben Sie im Haupt- oder Nebenerwerb gegründet?
Im Nebenerwerb.

Haben Sie zwischenzeitlich die hauptberufliche Tätigkeit in eine nebenberufliche umgewandelt oder umgekehrt?
Seit einem halben Jahr ist es die hauptberufliche Tätigkeit

Wenn ja, was waren die Gründe dafür
Wieder voll erwerbstätig zu sein.

Haben Sie von Anfang an Ihre Rechnungen mit Umsatzsteuer ausgestellt oder haben Sie erst einmal die Kleinunternehmer-Regelung in Anspruch genommen?
Von Anfang an mit Umsatzsteuer.

Wie würden Sie diese Entscheidung im Nachhinein bewerten?
Die Entscheidung war von Anfang an richtig, denn ich hatte bisher keinen Kunden, der nicht vorsteuerabzugsberechtigt war.

Haben Sie im Home-Office angefangen oder haben Sie von Anfang an externe Räume angemietet?
Im Home-Office, da wir ein Haus haben und ich dort ein Büro habe.

Haben Sie als Ein-Frau-Unternehmen gegründet oder hatten Sie gleich Angestellte?
Ein Ein-Frau-Unternehmen.

Haben Sie mittlerweile Personen eingestellt?
Aushilfsweise eine externe Schreibkraft aus der Familie.

Können Sie davon leben?
Noch nicht.

Hat sich die Tätigkeit so entwickelt, wie Sie sich das vorher vorgestellt hatten oder es geplant hatten oder hat es andere Wege genommen, an die Sie vorher überhaupt nicht dachten?
Am Anfang war es sehr mühselig an Kunden zu kommen, aber zwischenzeitlich wird es durch Werbekampagnen besser.

Wie sind Sie an Ihre ersten Aufträge gekommen?
Meine ersten Aufträge habe ich über Machdudas.de bekommen. Daraus haben sich teilweise auch besser bezahlte Folgeaufträge ergeben.

Was waren die größten Stolpersteine bzw. Schwierigkeiten bei der Gründung bzw. seit Sie das Schreibbüro führen?
Kundenakquise, also wie Frage: Wie komme ich an meine ersten Kunden? Welche Werbemaßnahmen sind wirklich erfolgversprechend?

Woraus ziehen Sie Kraft?
Kraft und Bestätigung geben mir Folgeaufträge und Danksagungen der Kunden, wenn die Arbeit gut, fehlerfrei und schnell von statten ging.

Hat sich Ihre Persönlichkeit durch die Existenzgründung verändert?
Meine Offenheit und Selbstsicherheit im Umgang mit Kunden hat sich verbessert. Preisverhandlungen kann ich selbstsicherer handeln.

Was würden Sie Gründungsinteressierten empfehlen?
Eine gute Homepage erstellen oder erstellen lassen. Sich mit anderen Schreibbüros austauschen.
Sich nicht unter Wert verkaufen und den Preis nicht zu sehr drücken lassen – gute Arbeit braucht Zeit und kostet demnach dann auch entsprechend.

Daniela Freund, www.bueroservice-freund.de

Es braucht Hingabe, Mut und Zähigkeit.

Die Gründung des Office Managements erfolgte 1994 im Home-Office. Damals gab es nur mich als Inhaberin. Der Service des Office Managements umfasste sämtliche Dienstleistungen im kaufmännischen Bereich (Vor-Ort-Unterstützung bei Büroarbeiten, Vertriebsunterstützung, Sachbearbeitung, Schreibarbeiten u.v.m.). Außerdem wurden auch Schreibarbeiten im eigenen Büro übernommen.

Was in 1994 klein anfing, hat sich bis heute zu einem mittelgroßen Dienstleistungsunternehmen (Personalagentur) mit ca. 100 freien Mitarbeiterinnen für projektbezogene Einsätze im kaufmännischen Bereich entwickelt. Der Bereich „Schreibbüro" – von den Vor-Ort-Einsätzen bei Kunden abgesehen – wurde vor etwa 2 Jahren stark vergrößert und hat sich auf den Bereich Patentanwälte spezialisiert. In diesem Bereich haben wir in ganz Deutschland – und darüber hinaus - zahlreiche Kontakte und konnten unseren Bereich „Online Schreibservice" gut an den Mann bringen. Zusätzlich können wir Übersetzungen in und aus allen Sprachen, inkl. Japanisch, liefern.

Ich selbst habe langjährige Erfahrung im Patentwesen und zwar in allen Fachbereichen, was bedeutet, dass wir jeder Kanzlei einen umfangreichen Service liefern können. Zusätzlich übernehmen wir die Transkription von Interviews, Gutachten, Büchern und vieles mehr, und zwar in Deutsch und Englisch. In der Zwischenzeit sind wir auf 2 Mitarbeiterinnen im eigenen Büro sowie 8 externen Mitarbeiterinnen angewachsen.

Was zu unserem Erfolg beigetragen hat: Eine positive Einstellung und Spaß an der Arbeit, ständige Erreichbarkeit, Bereitschaft zur Arbeit am Abend und am Wochenende, Lieferung von sehr guter Qualität, viel Werbung, Schnelligkeit und dem Kunden mehr bieten, als er erwartet. Um erfolgreich zu sein, bedarf es auch eines Teams. Es macht viel mehr Spaß, in einem erfolgreichen und positiven Team zu arbeiten, als ein Einzelkämpfer zu sein. Empfehlenswert ist auch die Bereitschaft zu lernen. Jeden Tag ein Stück Wissen hinzufügen und bereit sein, Fehler zu korrigieren und besser zu werden.

Es braucht Hingabe, Mut und Zähigkeit, etwas aufzubauen. Wenn man sich schnell entmutigen lässt oder Angst vor einer wirtschaftlichen Flaute hat, sollte man sich nicht selbständig machen. Es gibt immer etwas, das man tun kann, um Aufträge zu bekommen, auch in schwierigeren Zeiten.

Anett Fischer

DIE FISCHER - Office Management & Schreibservice
www.die-fischer.de und www.schreibservice-fischer.de

Ich bin gespannt, wohin diese „Reise“ gehen wird.

Wann haben Sie gegründet?
Juni 2010

Haben Sie ein oder mehrere Existenzgründungseminare besucht?
Ein Seminar und diverse Beratungen.

Haben Sie eine Förderung in Anspruch genommen?
Das Gründercoaching Deutschland.

Gab es sonstige Unterstützung?
Nein.

Wie alt waren Sie bei der Gründung?
39.

Was waren Ihre Motive für die Gründung?
Gestaltungswille, Streben nach Unabhängigkeit, ein Stück Selbstverwirkli chung.

Welche Ängste hatten Sie und welche Hoffnungen verbanden Sie mit der Existenzgründung?
Angst vor Überforderung, Hoffnung auf Gestaltung, neue Chancen und Arbeitsfelder.

Waren Ihre Ängste berechtigt?
Durch immer wieder angepasste Planung und Strukturierung gab es glücklicherweise keine Überforderung. Auch die ausführliche und umfangreiche Vorbereitung, Vorrecherchen und später das Coaching haben sich bezahlt gemacht.

Wurden Ihre Hoffnungen erfüllt?
Definitiv.

Haben Sie im Haupt- oder Nebenerwerb gegründet?
Im Haupterwerb.

Haben Sie zwischenzeitlich die hauptberufliche Tätigkeit in eine nebenberufliche umgewandelt oder umgekehrt?
Aktuell arbeite ich in sogenannter Selbständigkeit im Nebenerwerb.

Wenn ja, was waren die Gründe dafür
Eine parallele Umschulung in einem ganz anderen Tätigkeitsfeld, um ein 2. Standbein aufzubauen, das optional Möglichkeiten zur Verknüpfung bietet.

Wo liegen Ihre Tätigkeitschwerpunkte?
Im Verfassen, Erfassen und Redigieren von Texten sowie in der Vorbereitung von Unterlagen zur Weitergabe an Steuerberater.

Haben Sie von Anfang an Ihre Rechnungen mit Umsatzsteuer ausgestellt oder haben Sie erst einmal die Kleinunternehmer-Regelung in Anspruch genommen?
Letzteres.

Wie würden Sie diese Entscheidung im Nachhinein bewerten?
Entgegen der Beratermeinung, die vor mangelnder Akzeptanz seitens potentieller Kunden warnte, halte ich die Berücksichtigung der tatsächlich zu erwartenden Einnahmen für kalkulatorisch sinnvoller und würde die Entscheidung bei Vorliegen gleicher Voraussetzungen wieder treffen.

Haben Sie im Home-Office angefangen oder haben Sie von Anfang an externe Räume angemietet?
Ersteres, das war auch so geplant.

Sofern Sie im Home-Office angefangen haben, haben Sie mittlerweile externe Räume angemietet? Was waren die Gründe dafür?
Ich arbeite nach wie vor (am liebsten) im Home Office und nur bei Bedarf beim Kunden vor Ort.

Haben Sie als Ein-Frau-Unternehmen gegründet oder hatten Sie gleich Angestellte?
Ersteres.

Haben Sie mittlerweile Personen eingestellt?
Ich arbeite nach wie vor allein und plane keine Einstellungen.

Können Sie davon leben?
Im Nebenerwerb stellt sich die Frage derzeit nicht, im Haupterwerb wäre es inzwischen voraussichtlich gut möglich.

Hat sich die Tätigkeit so entwickelt, wie Sie sich das vorher vorgestellt hatten oder es geplant hatten oder hat es andere Wege genommen, an die Sie vorher überhaupt nicht dachten?
Es haben sich Schwerpunkte herauskristallisiert, die ich vielleicht so nicht erwartet hätte. Tatsächlich hätte ich mehr Einsätze bei Kunden vor Ort erwartet. Hier ist der Preisdruck jedoch oft so, dass ich häufig zugunsten lukrativerer Aufträge im Home Office verzichtet habe.
Mein Leistungsspektrum lässt jedoch Raum für Anpassung an Bedarfsentwicklungen.

Wie sind Sie an Ihre ersten Aufträge gekommen?
Durch Kaltakquise, persönliche Kontakte bei geschäftlichen Anlässen und Empfehlungen.

Was waren die größten Stolpersteine bzw. Schwierigkeiten bei der Gründung bzw. seit Sie das Schreibbüro führen?
Der Aufbau eines Kundenstammes, der das Generieren eines regelmäßigen Einkommens ermöglichte.

Was empfinden Sie als die größten Belastungen dabei?
Unsicherheit in auslastungsschwachen Zeiten.

Was sind Ihre größten Ressourcen?
Die freie Zeiteinteilung. Das Besinnen auf die Fähigkeit und die Zuversicht, aus dem Nichts etwas schaffen zu können.

Woraus ziehen Sie Kraft?
Meditative Entspannung, Yoga, Spaziergänge und Urlaub.

Hat sich Ihre Persönlichkeit durch die Existenzgründung verändert?
Ich denke schon. Das Wissen, etwas aus eigener Kraft aus dem Nichts zu schaffen, trägt zur Bildung von Resilienz bei und macht selbstbewusster. Heute weiß ich, dass ich nicht mehr ins Nichts fallen kann und habe das Heft selbst in der Hand. Früher, z. B. im Falle einer Kündigung, war die Ungewissheit vor dem was kommen mag größer und belastender. So gesehen erlebe ich mich wesentlich entspannter.
Auch der Aufbau eines Netzwerkes hat dazu beigetragen, Menschen in ähnlichen Situationen kennenzulernen, mit denen man sich frei von Konkurrenzdruck auf Augenhöhe austauschen kann.
Darüber hinaus hat mich verändert, dass ich das ernte was ich säe, und zwar unmittelbar. Unabhängig von der Anerkennung eines Vorgesetzten zu sein und aus der Kundenzufriedenheit und dem vertrauensvollen Miteinander zu schöpfen, ist für mich auch von emotionalem Mehrwert.

Haben Sie sich andere Perspektiven erschlossen?
Tatsächlich eröffnen sich mit manchen Aufträgen neue Perspektiven, Schwerpunkte verlagern sich. Etwas, das ich persönlich sehr schätze und als Herausforderung erlebe. Für mich das Salz in der Suppe.

Betreiben Sie das Schreibbüro noch oder haben Sie sich mittlerweile beruflich verändert?
Ich glaube, dass ich darauf nicht mehr verzichten mag. fix & pfiffig ist ein Teil von mir, auf den ich stolz bin und der sich stetig weiterentwickeln wird. Ich bin gespannt, wohin diese „Reise" gehen wird.

Falls Sie sich verändert haben, mögen Sie etwas über Ihre Gründe berichten?
Die Selbständigkeit hat mir die Möglichkeit eröffnet, mir mit über 40 noch einen Berufstraum zu erfüllen. Nach der Umschulung werde ich in Ruhe über die bestmögliche Kombination der beiden ganz unterschiedlichen Tätigkeiten nachdenken und die Schwerpunkte neu austarieren.

Was würden Sie Gründungsinteressierten empfehlen?
Umfangreiche Recherchen, solide Kalkulation, realistische Zeitplanung, Austausch mit Gründern und potentiellen Kunden, Präsenz bei Veranstaltungen, Kontakt mit Netzwerken, ggf. Coaching respektive Weiterbildung.

Katja Paôla Pesch, fix-und-pfiffig.de

Würden Sie es wieder tun?

„Warum machst du eigentlich kein Schreibbüro auf?" fragte mich ein Bekannter, als ich ihm flott ein paar Auswertungen tippte, die er aus seiner Kanzlei mit nach Hause genommen hatte. „Wie läuft das ab?" fragte ich damals - 1983 in München - ganz naiv, denn diese Art von Dienstleistung kannte ich nicht. „Du übernimmst alle Arten von Schreibarbeiten, die Firmen oder Privatpersonen aus zeitlichen oder anderen Gründen nicht schaffen", erklärte er mir. „Das können Verträge sein, Interviews, Diplomarbeiten oder Serienbriefe, Buchmanuskripte, Drehbücher und vieles andere mehr."

Das klang gut. Ich sah eine herrliche Zeit auf mich zukommen mit interessanten Texten. Bei schlechtem Wetter würde ich für andere schreiben, bei Sonnenschein an der Isar liegen. Diese Illusion wurde mir jedoch als erstes genommen, als es schließlich soweit war. Wenn es schön war, hatten auch Sekretärinnen keine Lust, Überstunden zu machen und gaben Arbeiten verstärkt außer Haus. In anderen Unternehmen benötigte man im Sommer Urlaubsvertretungen, und um mich einzuarbeiten, half ich dort aus. Dabei kam mir zugute, dass ich etliche Jahre Büroerfahrung besaß und auch durch ein Personalleasing-Unternehmen bereits in einigen Firmen eingesetzt worden war. Flexibilität brachte ich also mit, als ich mit 32 mein „Schreib- und Korrekturbüro" auf die Beine stellte. Leicht war es trotzdem nicht.

Wie kommt man überhaupt an Kunden heran, fragt man sich. Ich habe mehr als ein Dutzend Möglichkeiten der Werbung ausprobiert, um herauszufinden, dass die teuerste Methode nicht die erfolgreichste war. Bis meine Anzeige in den Gelben Seiten zum Tragen kam, inserierte ich z.B. in der SZ – und erhielt etliche unseriöse Angebote, so dass ich dies sofort wieder aufgab. Immerhin ein Treffer war dabei: Ein Steuerberater versorgte mich mit Arbeit, empfahl mich an Mandanten weiter, machte mich sogar mit einem anderen Schreibbüro bekannt.

Dann reagierte ich selbst auf Anzeigen und bot meine Hilfe an. Auch wenn ich manchmal an einem Tag in drei verschiedene Firmen hetzte, kam ich dadurch doch mit Kunden in Kontakt und erhielt schließlich selbst von Anwälten und Ärzten Schriftsätze und Gutachten mit nach Hause. Da diese Texte und auch psychologische Interviews auf unterschiedlich großen Cassetten geliefert wurden, schaffte ich mir nach und nach Geräte der vier Systeme an. Zum Glück, denn besonders von den Pharmafirmen brach plötzlich massenweise Arbeit über mich herein, da bei Kongressen oft zwei bis drei Tage lang über ein bestimmtes Medikament referiert wurde. Bei 20 Cassetten schreibt sich schon eine Zeitlang, rechnet man doch bei Diktaten das Vier- bis Fünffache, bei Referaten und Interviews das Fünf- bis Sechsfache der Sprechzeit, mittelschwerer Text vorausgesetzt.

Es zahlte sich aus, dass ich mich beizeiten nach Hilfe umgeschaut hatte: Zwei Mütter mit Büroerfahrung holten sich gern Arbeit nach Hause. Bei starkem Zeitdruck erhob ich inzwischen einen Eil- und Nachtzuschlag, der von Kunden bereitwillig gezahlt wurde, Hauptsache, der Termin wurde gerettet. So blieb für uns alle etwas hängen. Die teure Werbung im Branchenbuch mit dem Magnet „Eilservice!" lohnte sich allemal.

Anfangs hatte ich auch draufgezahlt. Ich erinnere mich noch mit Schaudern an die erste Diplomarbeit, die ich gutgläubig nach mündlicher Absprache entgegengenommen hatte. Der clevere BWL-Student zeigte mir die gebundene Arbeit eines Kommilitonen, sauber und locker geschrieben, angeblich seien 2,50 DM üblich. Ich willigte ein und freute mich auf diesen ersten Großauftrag, ca. 100 Seiten. Was kam war Chaos, kaum lesbar, mit vielen Zetteln, Einfügungen, Sternchen. Nun sollte die Arbeit auch noch anderthalb- und nicht zweizeilig geschrieben werden, auch nicht mit 10 sondern 12 Zeichen pro Zoll. Was das bedeutete, wurde mir sehr schnell klar, als ich 20 bis 30 Minuten an einer Seite saß. Immer länger wurden auch die Fußnoten, die wiederum einzeilig. Später lernte ich, dass eine reguläre Seite ca. 1.800 Anschläge hatte – hier fiel mindestens das Doppelte an. Bei der Nachverhandlung war er lediglich zu einem Aufschlag von 0,50 DM bereit, sonst würde er überhaupt nichts bezahlen, drohte er mir. Ich war noch zu unerfahren um zu wissen, dass ich ein Zurückbehaltungsrecht meiner Schreibleistung einschließlich der Vorlagen hatte, und da er die seit Auftragsbesprechung geändert hatte, stand mir auch der neu errechnete Seitenpreis zu. Zähneknirschend brachte ich diese Mammutarbeit zum Dumpingpreis hinter mich und beschloss, künftig mehr zu verlangen und Aufträge zu schreiben, das A und O im Geschäftsleben.

Doch auch hier zahlte ich bald Lehrgeld. Lebhaft in Erinnerung ist mir noch der Sänger, dem ich am Telefon als Seitenpreis 5,- DM angab und der dann wirklich nur mit einer Seite ankam. Für den Liederabend wollte er seine Stücke aufgeführt haben. Nachdem er mich 45 Minuten lang mit Sonderwünschen aufgehalten hatte, drückte mir tatsächlich lediglich den Fünfer in die Hand und bat mich souverän, ihm ein Taxi zu rufen. Dann warf er seinen weißen Schal um die Schultern und verschwand, mich mit dem Almosen zurücklassend und mit der Erkenntnis, nie wieder Seitenpreise zu verlangen, sondern Stundensätze.

Diese bewegten sich anfangs von 25,- DM aufwärts; später, als ich verhandlungssicherer war, 54,- DM plus Zuschläge. Nach drei Jahren war mein Lebensgefährte als EDV-Spezialist dazugekommen und unser Angebot erweiterte sich um Grafiken und Diagramme. Mit Übersetzerinnen oder Sprachstudentinnen hatte ich gute Kontakte geknüpft, so dass auch fremdsprachige Texte flink geschrieben werden konnten. Nach vier Jahren mieteten wir ein größeres Büro im Olympiadorf an und beschäftigten dort sporadisch 3 bis 5 freie Mitarbeiterinnen. Jedoch merkte ich rasch, dass ich rationeller gearbeitet hatte, als ich noch alleine gewesen war, da bei Arbeiten, die durch mehrere Hände gingen, auch die Fehlerquote höher war. Vieles musste mehrfach kontrolliert oder korrekturgelesen werden, damit der Kunde tatsächlich eine Top-Arbeit ausgehändigt bekam.

Inzwischen zählten große Unternehmen zu unseren Kunden. Ich lernte auch prominente Persönlichkeiten kennen wie Gunther Philipp oder Doris Kunstmann. Ich frühstückte mit Georg Lohmeier, telefonierte und schrieb die Lebensgeschichte von Ephraim Kishon „Nichts zu lachen“, tippte das Drehbuch „Das Erbe der Guldenburgs“. Nun konnte ich mir die Aufträge aussuchen. Da ich mittlerweile selbst Mutter geworden war, überließ ich das Büro meinem Partner und den Aushilfen und schrieb am PC in der Wohnung, um mich tagsüber so viel wie möglich um mein Kind kümmern zu können. Gelegentliche Nachtarbeit stellte für mich kein Problem dar. Der Spagat zwischen Selbständigkeit und Familienleben war jedoch nicht immer leicht. Der Spiegel, den mir mein kleiner Sohn einmal vorhielt, machte dies deutlich: Da in Kürze der Minicar eine Arbeit abholen sollte, welche ich eben in Windeseile tippte, musste ich seine Bitte, mit ihm zu spielen, ablehnen. So lochte er hingebungsvoll Schmierpapier und legte es Blatt für Blatt auf den Schnellhefter. Nach einer Weile hielt er den dicken Packen hoch und verkündete mit wichtiger Miene: „So viele Faxe! Heute komm ich wieder mal nicht ins Bett!“

Irgendwann wurde mir klar, dass ich entweder jemanden fest einstellen oder die Arbeit reduzieren musste, wollte ich weiterhin ein bisschen Privatleben. Nein, es gab noch eine dritte Möglichkeit: Ich konnte mein gutgehendes Schreibbüro verkaufen. Der Umsatz belief sich mittlerweile auf 180.000 DM. Ich wollte mich spezialisieren und einen Autorendienst auf die Beine stellen, wo ich Kunden half, ein eigenes Büchlein herauszugeben. Über meinen Sohn hatte ich selbst diverse Werke mit lustigen Aussprüchen und eingescannten Zeichnungen produziert, was als Muster sehr gut ankam. Vieles konnten wir in unserem Büro preiswert herstellen. Als wir das erste Mal eine liebe ältere Dame mit ihren gebundenen Lebenserinnerungen zum Hochzeitsjubiläum beglückten, war die Freude auf allen Seiten groß.

Natürlich hagelte es diese Aufträge nicht vom Himmel herab, ich musste mehrfach inserieren, aber ein Verlag, der „books on demand“ anbot, kam schließlich mit Kundenwünschen auf mich zu: Meine zweite berufliche Selbstständigkeit war geschafft, und sie ließ mir sehr viel mehr Spielraum als das vorherige Schreib- und Korrekturbüro mit all der Hektik.

Der Verkauf ging nach einigen Anläufen und nach ca. 2 Monaten mit Hilfe der IHK, in deren Existenzgründungsbörse ich kostenlos inserieren durfte, gut über die Bühne. Die neue Inhaberin, eine Sekretärin, war genauso unerfahren wie ich zu Beginn, obwohl ich seinerzeit immerhin ein Existenzgründungsseminar bei der IHK besucht hatte. Ich arbeitete sie 20 Stunden lang ein. Und ich hatte für sie einen 26-seitigen Leitfaden geschrieben, in welchem ich all mein mühsam erworbenes Wissen weitergab. Dieser begann mit der ersten Minute am Telefon und der Frage: „Was kostet denn bei Ihnen eine Seite?“ Mit welcher Antwort bekam man den Interessenten ins Büro, und zwar ohne dass er noch die Konkurrenz abtelefonierte? Wie überzeugte man ihn anschließend, dass er hier an der richtigen Stelle war? Wie schaffte man es, gute Preise zu erzielen und später problemlos sein Geld zu erhalten? Welche Werbemöglichkeiten waren erfolgreich, wie mussten Aufträge aussehen, damit man sich nicht ins eigene Fleisch schnitt? Ich hatte auch eine Mustermappe von allen möglichen Arbeiten angelegt, denn wer weiß schon auf Anhieb, wie ein Drehbuch, eine Dissertation oder ein Interview geschrieben wird? Ebenso übergab ich ihr eine Präsentationsmappe für den Kunden mit zahlreichen Schriften, Formaten und Mustern, so dass die Erstgespräche erleichtert würden. Dann hatte ich zahlreiche Aufträge kopiert, sie sah, worauf es ankam.

Die zündende Idee, mein Schulungsmaterial auch weiterhin zu verwenden, ließ mich schließlich inserieren: „Selbständig mit eigenem Schreibbüro? Know-how-Vermittlung und Schulung durch erfahrene Inhaberin. Tel.: ...“ Ich war überrascht, wie viele neue Existenzgründerinnen hoffnungsvoll auf mich zukamen. Sie hatten entweder noch nicht den Mut gefunden zum Sprung in die Selbständigkeit oder sie benötigten ein Coaching. Ich konnte den Frauen vermitteln, dass die Angst vor Konkurrenz untereinander unbegründet war, da jede in irgendeinem Bereich besondere Qualitäten aufwies und das Motto „Gemeinsam sind wir stark“ viel eher zum Tragen kam. So regte ich an, ein Netzwerk zu bilden, wobei wir nach Qualifikationen und

Kenntnissen in Fremdsprachen, vorhandenen Geräten etc. eine Liste erstellten. Auch Urlaubsvertretung und Auftragsweitergabe war hilfreich.

Vom BfE München, dem Büro für Existenzgründer, das in Zusammenarbeit mit dem Arbeitsamt Selbständigmachung förderte, wurde meine Tätigkeit und mein Leitfaden sehr gelobt, denn: „Unternehmensberatungen gibt es wie Sand am Meer, jedoch speziell auf Schreibbüros bezogen und aus der Praxis für die Praxis noch nicht."

2000 bin ich nach Freiburg gezogen, wo ich als Erstes eine Gästevermietung auf die Beine stellte und Zimmer an Feriengäste vermietete, da der Tourismus hier boomt. Dann mietete ich ein Büro im schönen Stadtteil Herdern an, beschäftigte Mitarbeiterinnen und Putzhilfen, die sich um Büro und Unterkünfte kümmerten. Die Homepage hierzu gestaltete ich weitgehend selbst, wobei mir mein Sohn in technischer Hinsicht half, da er sich inzwischen zum IT-Techniker ausbilden ließ. Mittlerweile ist auch er selbständig und wieder in München gelandet, von wo aus er gut agieren kann.

Zurückblickend kann ich sagen, dass ich in den 30 Jahren meiner Selbständigkeit sehr hart gearbeitet und immerhin viermal einen Neustart hingelegt habe. Würde ich es wieder tun? Ja, nur gerne mit dem Wissen, das ich heute habe. Existenzgründern kann ich nur empfehlen, sich bei IHK, Agentur für Arbeit etc. ausführlich beraten zu lassen und sich spezielle Fach- oder PC-Kenntnisse anzueignen, z.B. mit Kursen bei der DAA, VHS oder anderen Institutionen. Gerne stehe ich darüber hinaus auch zu Beratungsgesprächen, Coaching oder einer Schulung zur Verfügung. Werfen Sie einen Blick auf meine Homepages und rufen Sie mich an, wenn Sie Hilfe brauchen.

www.existenzgruendung-laschtowitz.de, www.freiburger-schreibgalerie.de, www.privatpension-laschtowitz.de

Und falls Sie evtl. an dem Know-how interessiert sind, wie eine Zimmervermietung an Feriengäste als lukratives 2. Standbein von statten geht – auch hierfür kann ich gerne Ihre Ansprechpartnerin sein. Ein Buch darüber ist geplant.

Anny Laschtowitz

Seminare und Schulungen

Vor meiner Existenzgründung nahm ich an einem Wochenendseminar teil, das von der Volkshochschule veranstaltet wurde. Das Problem bei einem derart allgemeinen Seminar ist allerdings, dass in der Regel zu wenig auf die individuelle Situation der Teilnehmerinnen und Teilnehmer eingegangen werden kann. Man wird mit derart vielen Informationen konfrontiert, die überhaupt nicht relevant für einen sind, dass man unter Umständen nach dem Besuch des Seminars verwirrter ist als davor. Wesentlich zielführender ist der Besuch eines Kurses, der speziell die Gründung eines Schreibbüros zum Thema hat.

Am besten ist es natürlich, wenn man von Menschen geschult wird, die auf diesem Gebiet selbstständig tätig sind. Besonders erwähnenswert ist in diesem Zusammenhang das Angebot von Frau Laschtowitz, der Inhaberin der Freiburger Schreibgalerie. Sie verfügt über langjährige Erfahrung und gibt ihr in der Praxis erworbenes Wissen an Personen weiter, die ein Schreibbüro eröffnen möchten. Da Frau Laschtowitz auch Zimmer vermietet, können sich Gründungsinteressierte aus ganz Deutschland von ihr beraten und schulen lassen. Man kann auf diese Weise einen Aufenthalt im schönen Freiburg mit einer soliden Gründungsberatung kombinieren. Außerdem coacht sie Inhaberinnen und Inhaber von Schreibbüros, wenn Schwierigkeiten auftreten. Ferner können auf Wunsch spezielle PC-Kenntnisse vermittelt werden. Auch falls Sie mit dem Gedanken liebäugeln eine Pension zu eröffnen, haben Sie in ihr eine kompetente Ansprechpartnerin. Ausführliche Informationen finden Sie hier: www.existenzgruendung-laschtowitz.de

Sofern Sie jedoch kein spezielles Seminar zur Gründung eines Schreibbüros besuchen können oder möchten, ist der Besuch eines allgemeinen Seminares auf jeden Fall eine Überlegung wert. Man erhält dort zumindest einen ersten Einstieg in die Materie und wird sich darüber bewusst, was alles mit einer Existenzgründung zusammenhängt. Allerdings haben Sie durch die Lektüre dieses Buches bereits umfangreiches, auf Ihre Situation zugeschnittenes Wissen erworben, das in dieser Form nie in einem allgemeinen Seminar angeboten werden könnte.

Anhang

Vorbemerkung:

Da das Internet sich in ständiger Veränderung befindet, ist es möglich, dass die Links zurzeit Ihres Besuches nicht mehr aktuell sind. Außerdem möchte ich noch darauf hinweisen, dass sich zum Zeitpunkt meines Besuches auf den entsprechenden Webseiten nur seriöse Informationen befanden und ich keinen Einfluss die Gestaltung und Inhalte der Seiten habe, ich mir die Inhalte nicht zu eigen mache und keinerlei Haftung dafür übernehmen kann.

Link-Tipps

Das Existenzgründungsportal des Bundesministeriums für Wirtschaft und Technologie stellt äußerst umfassende Informationen und nützliche Tools zur Verfügung. Diese Internetpräsenz sollen Sie auf jeden Fall besuchen! www.existenzgruender.de

Die Webseite der Gründerinnenzentrale in Berlin:
www.gruenderinnenzentrale.de/linkliste-existenzgruendung

Ausführliche Informationen über Minijobs:
www.minijob-zentrale.de.

Günter Faltin stellt auf dieser Webseite sein Buch vor und motiviert zur Existenzgründung:
www.kopfschlaegtkapital.com

Informationen zum Thema gewerbliche Nutzung von Mietwohnungen:
www.mietrechtslexikon.de

Informationen zur Existenzgründung für Menschen mit Behinderung:
www.enterability.de
www.handicap-network.de
www.existenzielle.de/cms/front_content.php?idcat=78&idart=206

Informationen zum Kauf von Computer, Monitor, Tastatur, Maus, Multifunktionsgerät, externer Festplatte usw.:
www.chip.de
www.computerbild.de
www.netzwelt.de
www.computeruniverse.net
www.testberichte.de

Nützliche Informationen über Bildschirm und Auge, Tipps zur Aufstellung des Monitors und Übungen zur Augenentspannung:
www.docekal.com/augensehen/bildschirmundauge/index.html

Feirrera, 2002, „Tastaturen - eine Auswahlhilfe", www.zfa-online.de/informationen/leser/volltexte/2002/2002_04_volltexte/ferreira.PDF

KarriereSpiegel, Zeitfressermesser – So verdaddeln Sie Ihre Arbeitszeit, Matthias Kaufmann, 23.01.2012
www.spiegel.de/karriere/berufsleben/zeitfressermesser-so-verdaddeln-sie-ihre-arbeitszeit-a-809657.html

Informationen über ToDo-Listen, Formulare, die heruntergeladen werden können, und vieles mehr zum Thema Zeitmanagement:
www.todo-liste.de

Den Artikel der Focus Online-Redakteurin Claudia Frickel vom 22.10.2009 mit der Überschrift: „Microsoft. Das richtige Windows 7 für jeden", können Sie hier lesen:
www.focus.de/digital/computer/tid-15843/microsoft-das-richtige-windows-7-fuer-jeden_aid_444464.html.

Vergleichender Überblick über die Editionen von Windows 7: windows.microsoft.com/de-DE/windows7/products/compare.

Informationen rund um die Microsoft Office Programme:
office.microsoft.com/de-de

Office-Schulungen:
office.microsoft.com/de-de/schulungen-FX010056500.aspx?CTT=97

Tipps, Trick und Schulungen zum Thema Word 2010:
office.microsoft.com/de-de/word-help/CH010369478.aspx

Tipps, Trick und Schulungen zum Thema Excel 2010:
office.microsoft.com/de-de/excel-help/umsteigen-auf-excel-2010-RZ101809963.aspx

Auf dieser Webseite geht es eigentlich um Computerhilfsmittel für Blinde und Sehbehinderte, aber die Erfahrungen mit der Spracherkennungssoftware sind natürlich auch für Sie interessant:
www.incobs.de/produktinfos/spracherkennungssoftware/test_2011.php

Auf der Website von Chip Online haben 5 User die Spracherkennungssoftware Dragon Naturally Speaking Premium 11.5 getestet und ausführlich darüber berichtet:
forum.chip.de/rund-um-software/testberichte-dragon-naturallyspeaking-premium-11-5-a-1538811.html

Die Startseite von YouTube, wo Sie unglaublich viele Informationen finden:
www.youtube.com/?gl=DE&hl=de

Wie Sie die kostenlose OCR-Software in Google Docs nutzen, erfahren Sie hier:
www.youtube.com/watch?v=Eu2JfWB1OKM

Weitere Informationen zur Texterkennung:
de.wikipedia.org/wiki/Texterkennung

Hier lernen Sie noch viele nützliche Programme kennen, die nach Ansicht des Autors auf jeden PC gehören:
www.computerbild.de/fotos/Diese-30-Programme-gehoeren-auf-jeden-PC-2338025.html#1

Informationen des Unabhängigen Landeszentrums für Datenschutz Schleswig-Holstein zum Thema Datenschutz und Verschlüsselung von Daten:
www.datenschutzzentrum.de/material/themen/pgp

Eine weitere Webseite zum Thema Datensicherheit:
www.verbraucher-sicher-online.de/thema/verschluesselung

Informationen zum Thema SSL-Verschlüsselung auf der Webseite des Bundesbeauftragten für den Datenschutz und die Informationsfreiheit:
www.bfdi.bund.de/SharedDocs/Publikationen/InformationZurSSLVerschl
uesselung.html?nn=412058

Ein Artikel auf der Webseite pcwelt.de von Panagiotis Kolokythas vom 24.03.2012, wo er Verschlüsselungstools vorstellt:
www.pcwelt.de/ratgeber/Datenschutz-Gratis-Tools-verschluesseln-alle-Ihre-Dateien-307316.html

Einen USB-Fußschalter zur Transkription von Audiodateien können Sie hier erwerben:
www.nch.com.au/hardware/pedals.html
www.audiotranskription.de/fussschalter.htm

Der Artikel „So schnell ist LTE wirklich“ auf FOCUS Online vom 19.04.2012 von Harald Karcher und Manuel Schreiber
www.focus.de/digital/computer/chip-exklusiv/tid-25492/neuer-datenturbo-im-test-so-schnell-ist-lte-wirklich_aid_736873.html

Hier können Sie mehr über das Handelsregister erfahren:
de.wikipedia.org/wiki/Handelsregister_%28Deutschland%29

Informationen der IHK Köln vom Januar 2011 zur Wahl der Geschäftsbezeichnung:
www.ihk-
koeln.de/upload/GeschaeftsbezeichnungenFuerKleingewerbetreibende_123
05.pdf

Eine gute Zusammenfassung zum Thema Namensschutz in Form eines PDF-Dokumentes und weitere Informationen gibt es auf der Homepage der IHK Emden:

www.ihk-emden.de

Die Website des Deutschen Patent- und Markenamtes:

www.dpma.de

Den KfW Gründungsmonitor 2012 können Sie hier lesen:
www.kfw.de/kfw/de/I/II/Download_Center/Fachthemen/Research/PDF-Dokumente_Gruendungsmonitor/Gruendungsmonitor_2012_LF.pdf

Informationen über Nebentätigkeiten für Beamtinnen und Beamten:
www.nebentaetigkeitsrecht.de/ratgeber_nebentaetigkeitsrecht_2010_k_2_ab_seite_11

Das Teilzeit- und Befristungsgesetz können Sie auf der Internetpräsenz des Bundesministeriums der Justiz einsehen.
www.gesetze-im-internet.de/tzbfg/BJNR196610000.html

Auf der Internetpräsenz des Bundesministeriums für Justiz können Sie den § 138 SGB III im Original lesen:
www.gesetze-im-internet.de/sgb_3/__138.html

Hinweise zur Erklärung des Einkommens aus selbstständiger Tätigkeit der Arbeitsagentur:
www.arbeitsagentur.de/zentraler-Content/Vordrucke/A07-Geldleistung/Publikation/Hinweise-Selbstaendige.pdf

Hier finden Sie das Formular EKS, wo Sie die Erklärung zum Einkommen aus selbstständiger Tätigkeit im ALG II abgeben:
http://www.arbeitsagentur.de/zentraler-Content/Vordrucke/A07-Geldleistung/Publikation/Anlage-EKS-Erklaerung-Einkommen-Selbstaendiger.pdf

Hier finden Sie das Formular, wo Sie nach Ablauf des Bewilligungszeitraums Ihre abschließenden Angaben machen können:
http://www.arbeitsagentur.de/zentraler-Content/Vordrucke/A07-Geldleistung/Publikation/Abschliessende-Angaben-Einkommen-Selbstaendiger.pdf

Informationen für ältere Existenzgründerinnen:
www.erfahrung-ist-
zu-
kunft.de/SharedDocs/DE/Artikel/Arbeitswelt/Selbstaendigkeit/20100909-schritt-in-selbststaendigkeit-wagen.html?nn=8830

In diesem Forum zum Elterngeld hat eine Frau einen wirklich tollen Beitrag zum Thema Einkommen Selbstständiger vor und nach der Geburt verfasst. Wer als im Zuerwerb während des Elterngeldbezuges gründet oder während der Selbstständigkeit schwanger wird, sollte das unbedingt lesen:
www.elterngeld.net/elterngeld-forum/viewtopic.php?t=3441

Ein aktuellerer Link zum Thema Elterngeld und Selbstständigkeit:
www.juraforum.de/wiki/elterngeld-und-elternzeit-fuer-selbstaendige

Das Thema Elternzeit können Sie auf der Internetpräsenz des Bundesministeriums für Familie, Senioren, Frauen und Jugend recherchieren.
www.bmfsfj.de

Ein guter Überblick zum Thema Hinzuverdienst als Rentner:
www.sentiso.de/informationen/25-hinzuverdienst-rentner

Wissenswertes zur Besteuerung von Renten:
www.kapital-rechner.de/rentenrechner/

Informationen zur Pflegeperson:
www.betanet.de/betanet/soziales_recht/Pflegeperson-Pflegeversicherung-Soziale-Sicherung-313.html

Fragebogen zur steuerlichen Erfassung einer selbstständigen Tätigkeit, inklusive Ausfüllhilfe:
www.existenzgruendung.umbra-
online.de/Download/339,property=publicationFile,cap.locale=de.pdf

Informationen zur Industrie- und Handelskammer:
de.wikipedia.org/wiki/Industrie-_und_Handelskammer
www.ihk-schleswig-
hol-
stein.de/servicemarken/regionales/ihk_luebeck11351/downloads/744752/b
eitrag.html

Dies ist die Homepage der Verwaltungsberufsgenossenschaft:

www.vbg.de.

Die Möglichkeit der Online-Anmeldung eines Unternehmens haben Sie hier:
www.vbg.de/DE/Service_at_VBG/Unternehmensanmeldung/mitglied_wer
den_node.html;jsessionid=F02666C4C368170120BF7009BBB09058.live4

Das offizielle Programm der Finanzverwaltung von Bund und Ländern, wo Sie alles über die elektronische Übermittlung der Steuererklärung erfahren und die entsprechenden Formulare dafür abrufen können:
www.elster.de/elfo_home.php

Weitere Informationen zur elektronischen Kommunikation zwischen der Finanzverwaltung und den Bürgern bzw. Unternehmen:
www.esteuer.de

Ausführliche und gute Informationen zum Thema Gewerbesteuer. Dort finden Sie unter anderem auch einen Gewerbesteuerrechner.
www.steuerschroeder.de/gewerbesteuer.htm

Auf der Website des Bundesministeriums für Justiz können Sie sich das Gewerbesteuergesetz im Detail ansehen:
www.gesetze-im-internet.de/gewstg/index.html

Hier wird die Gewerbesteuer mit konkreten Beispielen verständlich erklärt: www.gruendungszuschuss.de/unternehmerwissen/geld-steuern/steuerlast-berechnen/gewerbesteuer.html, zugegriffen am 29.05.2012)

Einen sehr guten Artikel zum Thema Kleinunternehmerregelung finden Sie hier:
www.akademie.de/wissen/kleinunternehmer-umsatzgrenze

Die Website der Deutschen Rentenversicherung Bund:
www.deutsche-rentenversicherung-bund.de

Die Verbraucherberatungsstelle für Versicherungen bietet Ihnen eine Übersicht über Versicherungsangebote.
www.vbfv.de

Informationen zur freiwilligen Arbeitslosenversicherung:
www.ihre-vorsorge.de/magazin/aktuell-beleuchtet/freiwillige-arbeitslosenversicherung.html

Eine Website mit äußerst umfangreichen Informationen rund um Existenzgründung und Selbstständigkeit. Der Schwerpunkt liegt auf der Gründung aus der Arbeitslosigkeit und dem Gründungszuschuss, der bei der Agentur für Arbeit beantragt werden kann. Man hat außerdem Zugriff auf Tools für Gründer und Selbstständige, zum Beispiel ein Template zur Erstellung eines Business-Planes:
www.gruendungszuschuss.de

Auf der Webseite der KfW-Bank können Sie sich unter anderem über den KfW-Gründerkredit – StartGeld informieren:
www.kfw.de/kfw/de/index.jsp

Auf der Website des Bundesministeriums für Wirtschaft und Technologie können Sie sich über Förderprogramme und Finanzhilfen des Bundes, der Länder und der EU informieren: www.foerderdatenbank.de

Die Webseite des Mikrokreditfonds Deutschland:
www.mikrokreditfonds.de/de.html

Beantragung eines Bonsai-Kredites:
www.gruendungszuschuss.de/index.php?id=874

Ein Marktplatz für das Verleihen und Leihen von Geld im Internet:
www.smava.de

Ein Bürodienste-Blog, wo Sie viele nützliche Informationen erhalten und zu vielen Themen mitdiskutieren können. Hier ist der entsprechende Link, wo es um das Thema Preisgestaltung geht:
http://www.buerodienste-in.de/2010/03/preisgestaltung-preislisten-fuer-buerodienstleister-ist-das-sinnvoll/

Website zu Visitenkartenpartys:
www.visitenkartenparty.biz/htm/event.php

Informationen zur Suchmaschinenoptimierung:
suchmaschinenoptimierung.michaelsattler.de

Hier können Sie eine Domainabfrage über whois bei der zentralen Registrierungsstelle für alle Domains unter der Top Level Domain.de starten:
www.denic.de

Hier können Sie den Eintrag in die Gelben Seiten vornehmen:
www.gelbeseiten.de/yp/quick.yp.

Informationen über Abzocke bei Branchenbucheinträgen finden Sie auf der Website der Handwerkskammer Reutlingen.
www.hwk-reutlingen.de/branchenbuch-abzocke.html

Hier können Sie Ihre Website bei Google eintragen:
www.google.de/addurl

Zahlreiche weitere Eintragsmöglichkeiten finden Sie hier:
www.konzept-welt.de/webkatalog.html

Eine Auflistung von Artikelverzeichnissen:
www.artikelverzeichnisse.com

Auf dieser Webpräsenz können Sie erfahren, wie man eine Pressemitteilung verfasst: und diese auch gleich kostenlos einstellen.
http://www.openpr.de/

Hier können Sie prüfen, welche Seiten auf Ihre Internetseite verweisen und gleichzeitig den PageRank ermitteln:
www.internetbaron.de/backlink-checker-link-check.html

Merkblatt der IHK Lahn-Dill zum Thema Wettbewerbsrecht bezüglich Werbung per Telefon, Fax, E-Mail, SMS oder Brief:
www.ihk-lahndill.de/produktmarken/recht/Wettbewerbsrecht/1783306/Werbung_per_Telefon_Fax_E_Mail_SMS_oder_Brief.html;jsessionid=93093FFA19B762B014A1EDA28A531B14.repl2

Wie Sie Google-Anzeigen erstellen und publizieren, erfahren Sie hier:
www.google.de/intl/de/ads

Informationen zu Xing-Unternehmensprofilen:
www.xing.com/companies/contract/select_package

Gute und aktuelle Informationen auf der Website der IHK Berlin zum Thema Scheinselbstständigkeit:
www.ihk-berlin.de/linkableblob/816422/.10./data/Merkblatt_Scheinselbststaendigkeit_Arbeitnehmeraehnliche_Selbsts-data.pdf

Informationen zum Thema Zahlungsverzug:
www.mittelstandswiki.de/wissen/Offene_Forderungen_eintreiben

Download-Links

Kostenloses eBook zum Thema Selbstständig im Nebenerwerb:
www.gruenderlexikon.de/download/e-books/nebengewerbe.pdf

Download der Vorabversion von Windows 8
windows.microsoft.com/de-de/windows-8/consumer-preview

Download der Transkriptionssoftware Express Scribe:
www.nch.com.au/scribe/de/index.html

Download der Transkriptionssoftware f4
www.audiotranskription.de/f4.htm

Der Adobe Reader:
www.chip.de/downloads/Adobe-Reader_12998358.html

Der Foxit PDF-Reader
foxit-pdf-reader.softonic.de

Der Foxit PDF-Editor
foxit-pdf-editor.softonic.de

Der kostenlose PDF-Editor von PDF 24:
de.pdf24.org/pdf-editor.jsp

Hier können Sie sich 7 Zip herunterladen und sich ein Video dazu ansehen:
7-zip.softonic.de/video/7-zip-video-packen-und-entpacken-komprimierter-dateien-mit-7-zip-637

Die kostenlose Buchhaltungssoftware Easy Cash & Tax:
www.easyct.de/news.php

Kostenloses Xing-Seminar:
www.torstenmaue.net/xing-seminar.pdf

Literaturverzeichnis/Buchempfehlungen

Berns, Stefan und Hennigsen, Dirk 2010
Der Twitter-Faktor – Kommunikation auf den Punkt gebracht
2. Aufl., Business Village GmbH, Göttingen

Faltin, Günter 2010
Kopf schlägt Kapital – Die ganz andere Art ein Unternehmen zu gründen – Von der Lust, ein Entrepreneur zu sein, 8. Aufl., August 2010, Carl Hanser Verlag, München
Der Autor eröffnet mit diesem Buch neue Horizonte und macht Lust auf die Gründung eines Unternehmens.

Ferriss, Timothy 2008
Die 4-Stunden-Woche: Mehr Zeit, Mehr Geld, Mehr Leben. Econ Verlag, Berlin.
Ein inspirierendes Buch, welches einen ermutigt im Leben unkonventionelle Wege zu beschreiten.

Hagen, Tobias Prof. Dr. et al., 2012
KfW Research – KfW Gründungsmonitor 2012
Boom auf dem Arbeitsmarkt dämpft Gründungsaktivität
Jährliche Analyse von Struktur und Dynamik des Gründungsgeschehens in Deutschland
Herausgeber: KfW Bankengruppe, Frankfurt am Main

Härter, Gitte 2006
Wie Sie im Internet Kunden gewinnen, Cornelsen Verlag Scriptor GmbH & Co. KG, Berlin
Dieses Buch ist wirklich empfehlenswert, da es unter anderem umfassend darüber informiert, was man bezüglich der eigenen Internetpräsenz beachten sollte. Sehr nützlich finde ich auch Teil 5 des Buches, in welchem man dazu aufgefordert wird eine eigene Werbestrategie zu entwickeln.

Hiam, Alexander 2011
Marketing für Dummies, 4. Aufl., mitp-Verlag, Bonn
Viel Know-how, Tipps und Anregungen rund um das Thema Marketing, sehr hilfreich.

Hofert, Svenja 2010
Praxisbuch Existenzgründung – Erfolgreich selbständig werden und bleiben, Eichborn AG, Frankfurt am Main

Jacobsen, Howard 2008
AdWords für Dummies, WILEY-VCH Verlag GmbH & Co. KGaA, Weinheim

Kettl-Römer, Barbara 2008
Wege zum Kunden, Akquise für Existenzgründer, Freelancer und Kleinunternehmer, Linde Verlag Wien Ges.m.b.H., Wien

Leppin Karin, Mutafoglu Konar 2009
Nebenbei selbständig, Ratgeber für Selbständige in Teilzeit,
6. Aufl., Humboldt Verlags GmbH, Baden-Baden

Lutz, Andreas 2010
Businessplan für Gründungszuschuss-, Einstiegsgeld- und andere Existenzgründer, stern Ratgeber, 4. Aufl., Linde Verlag Wien Ges.m.b.H, Wien

Lutz, Andreas 2011
Gründungszuschuss und Einstiegsgeld – Zuschüsse, Mikrokredite, geförderte Beratung, Erfolgreich selbständig mit Geld vom Staat, 4. Aufl., Linde Verlag Wien Ges.m.b.H., Wien

Lutz, Andreas 2011
Jetzt sind Sie Unternehmer – Was Sie von Anfang an wissen müssen . Von Ablage bis Zeitmanagement, 4. Aufl., Linde Verlag Wien Ges.m.b.H, Wien

Lutz, Andreas und Rumohr, Joachim 2011
Xing optimal nutzen, Geschäftskontakte – Aufträge – Jobs, So zahlt sich Networking im Internet aus, 4. Aufl., Linde Verlag Wien Ges.m.b.H., Wien

Lutz, Andreas, Delp, Andrea Claudia 2009
Darlehen und Kredit – Wie und wo sich Gründer und kleine Unternehmen Geld leihen können, Linde Verlag Wien Ges.m.b.H, Wien

Lutz, Andreas, Nitzsche, Isabelle 2010
Praxisbuch Pressearbeit – Für Selbstständige, Gründer, kleine Organisationen und Verbände. So machen Sie sich, Ihr Unternehmen, Ihre Organisation bekannt, 2. Aufl., Linde Verlag Wien Ges. m.b.H., Wien

Stuber, Reto 2010
Erfolgreiches Social Media Marketing mit Facebook, Twitter, Xing und Co. Verlag Data Becker GmbH & Co. KG, Düsseldorf
Dieses Buch gibt es in einer neueren Auflage von 2011, mir lag aber jetzt nur das von 2010 vor.

Torbrügge, Birgitt 2012
Teilzeit-Selbstständigkeit – Das Handbuch für die Kleinunternehmerin
4. Aufl., Verlag Frauenoffensive, München

Massow, Martin 1999
Home-Jobbing: Geld verdienen von zu Hause aus, 1000 Profi-Tipps und Ideen, über 100 Job- und Geschäftsideen, 3. Aufl., Econ & List Taschenbuchverlag, München

tredition®

www.tredition.de

Über tredition

Der tredition Verlag wurde 2006 in Hamburg gegründet. Seitdem hat tredition Hunderte von Büchern veröffentlicht. Autoren können in wenigen leichten Schritten print-Books, e-Books und audio-Books publizieren. Der Verlag hat das Ziel, die beste und fairste Veröffentlichungsmöglichkeit für Autoren zu bieten.

tredition wurde mit der Erkenntnis gegründet, dass nur etwa jedes 200. bei Verlagen eingereichte Manuskript veröffentlicht wird. Dabei hat jedes Buch seinen Markt, also seine Leser. tredition sorgt dafür, dass für jedes Buch die Leserschaft auch erreicht wird.

Autoren können das einzigartige Literatur-Netzwerk von tredition nutzen. Hier bieten zahlreiche Literatur-Partner (das sind Lektoren, Übersetzer, Hörbuchsprecher und Illustratoren) ihre Dienstleistung an, um Manuskripte zu verbessern oder die Vielfalt zu erhöhen. Autoren vereinbaren unabhängig von tredition mit Literatur-Partnern die Konditionen ihrer Zusammenarbeit und können gemeinsam am Erfolg des Buches partizipieren.

Das gesamte Verlagsprogramm von tredition ist bei allen stationären Buchhandlungen und Online-Buchhändlern wie z. B. Amazon erhältlich. e-Books stehen bei den führenden Online-Portalen (z. B. iBook-Store von Apple) zum Verkauf.

Seit 2009 bietet tredition sein Verlagskonzept auch als sogenanntes "White-Label" an. Das bedeutet, dass andere Personen oder Institutionen risikofrei und unkompliziert selbst zum Herausgeber von Büchern und Buchreihen unter eigener Marke werden können.

Mittlerweile zählen zahlreiche renommierte Unternehmen, Zeitschriften-, Zeitungs- und Buchverlage, Universitäten, Forschungseinrichtungen, Unternehmensberatungen zu den Kunden von tredition. Unter www.tredition-corporate.de bietet tredition vielfältige weitere Verlagsleistungen speziell für Geschäftskunden an.

tredition wurde mit mehreren Innovationspreisen ausgezeichnet, u. a. Webfuture Award und Innovationspreis der Buch-Digitale.

tredition ist Mitglied im Börsenverein des Deutschen Buchhandels.

4463266R00102

Printed in Germany
by Amazon Distribution
GmbH, Leipzig